Impressum
Verlag: BABADADA GmbH, Nedderfeld 112 , 22529 Hamburg
Geschäftsführer / Verlagsleitung: Harald Hof
Druck: Books on Demand GmbH, In de Tarpen 42, 22848 Norderstedt

Imprint
Publisher: BABADADA GmbH, Nedderfeld 112 , 22529 Hamburg, Germany
Managing Director / Publishing direction: Harald Hof
Print: Books on Demand GmbH, In de Tarpen 42, 22848 Norderstedt, Germany

# škola

## ቤት-ትምህርቲ

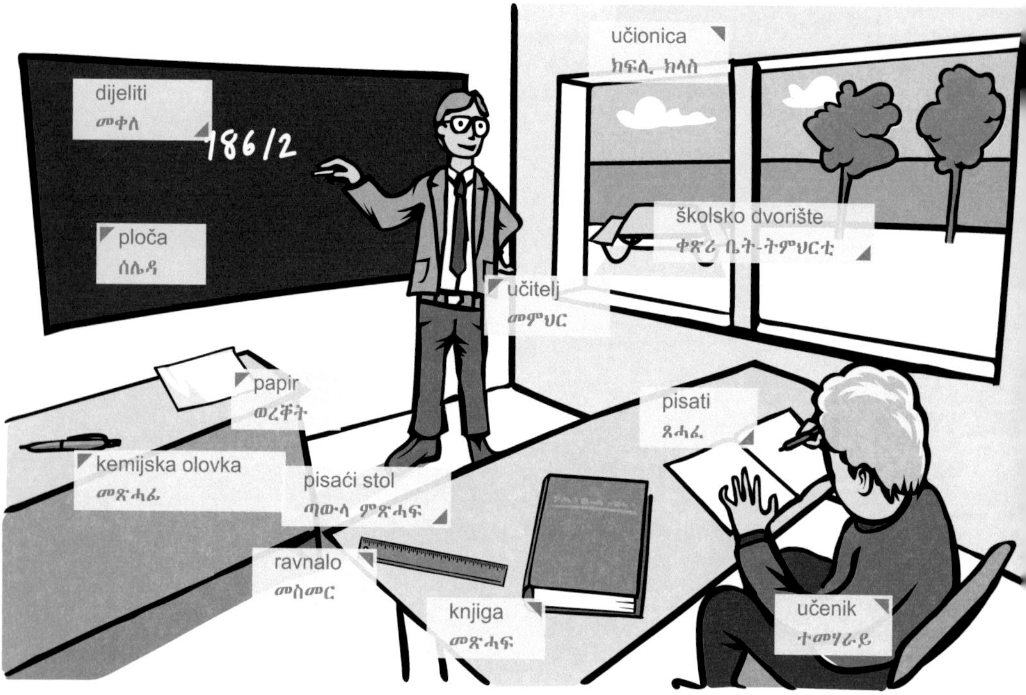
učionica
ክፍሊ ክላስ
dijeliti
መቀለ
186/2
ploča
ሰሌዳ
školsko dvorište
ቀጽሪ ቤት-ትምህርቲ
učitelj
መምህር
papir
ወረቐት
pisati
ጸሓፈ
kemijska olovka
መጽሓፊ
pisaći stol
ጣውላ ምጽሓፍ
ravnalo
መስመር
knjiga
መጽሓፍ
učenik
ተመሃራይ

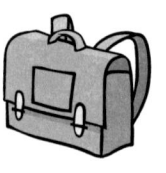

torba

ሳንጣ ትምህርቲ

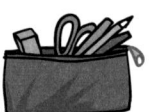

pernica

ሰፈር ብርዒ

grafitna olovka

ርሳስ

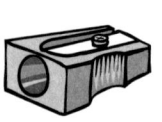

šiljilo za olovke

መብልሒ ርሳስ

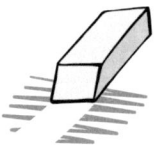

gumica za brisanje

መደምሰሲ

blok za crtanje

ጥራዝ ስእሊ

crtež

ስእሊ.

kist

ብርዒ. ቀለም

kutija s bojama

ቦክስ ቀለም

makaze

መቐስ

ljepilo

መጣበቒ

bilježnica

ጥራዝ መላመዲ

domaći zadatak

ዕዮ ገዛ

broj

ቁጽሪ

sabirati

ወሰኽ

oduzimati

ጎደለ

množiti

ረብሐ

računati

ደመረ

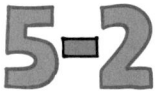

slovo

ፊደል

abeceda

ስርዓት ፊደላት

riječ

ቃል

škola - ቤት-ትምህርቲ

tekst

ጽሑፍ

čitati

አንበበ

kreda

ኩርሽ

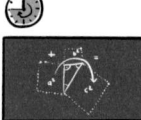

sat

ሰዓት

dnevnik

መዝገብ ክላስ

ispit

መርመራ

svjedodžba

ሰርቲፊከት

školska uniforma

ድቢዛ ቤትትምህርቲ

obrazovanje

ትምህርቲ

leksikon

ለክሲኮን

sveučilište

ዩኒቨርሲቲ

mikroskop

ሚክሮስኮፕ

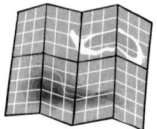

karta

ካርታ

košara za papir

ጎሓፍ ወረቐት

hotel
መቆበሊ. አጋይኝ

*Grand*

prenoćište
ሆስተል

ROOMS

mjenjačnica
ቦታ ቅያር ገንዘብ

kofer
ባሊ.ጃ

auto
መኪና

EXCHANGE

jezik

ቋንቋ

da / ne

እወ / ና

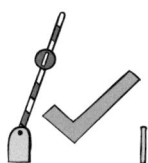

okay

ሕራይ

zdravo

ሰላም

prevoditelj

አስተርጓሚ

hvala

የቸንየለይ

Koliko košta...?

. . . ክንደይ ዋግኡ?

ne razumijem

አይተረድአኹን

problem

ሽግር

dobro veče!

ሰላም ምሸት!

Dobro jutro!

ከመይ ሓዲርካ

Laku noć!

ሰላም ለይቲ

doviđenja

ደሓን ኩን

smjer

አንፈት

prtljaga

ጉዓዝ

torba

ሳንጣ

ruksak

ሳንጣ ሕቖ

gost

ጋሻ

soba

ክፍሊ.

vreća za spavanje

ክሻ መደቐሲ.

šator

ቴንዳ

turističke informacije

ሓበሬታ በጻሕቲ ሃገር

plaža

ገምገም ባሕሪ

kreditna kartica

ክሬዲት ካርድ

doručak

ቁርሲ

ručak

ምሳሕ

večera

ድራር

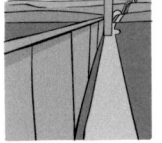

karta za vožnju

ቲከት

dizalo

ሊፍት

poštanska markica

ማሕተም ደብዳበ

granica

ዶብ

carina

ድንና

ambasada

ኣምበሲ

viza

ቪዛ

putovnica

ፓስፖርት

# transport

## መጓዓዝያ

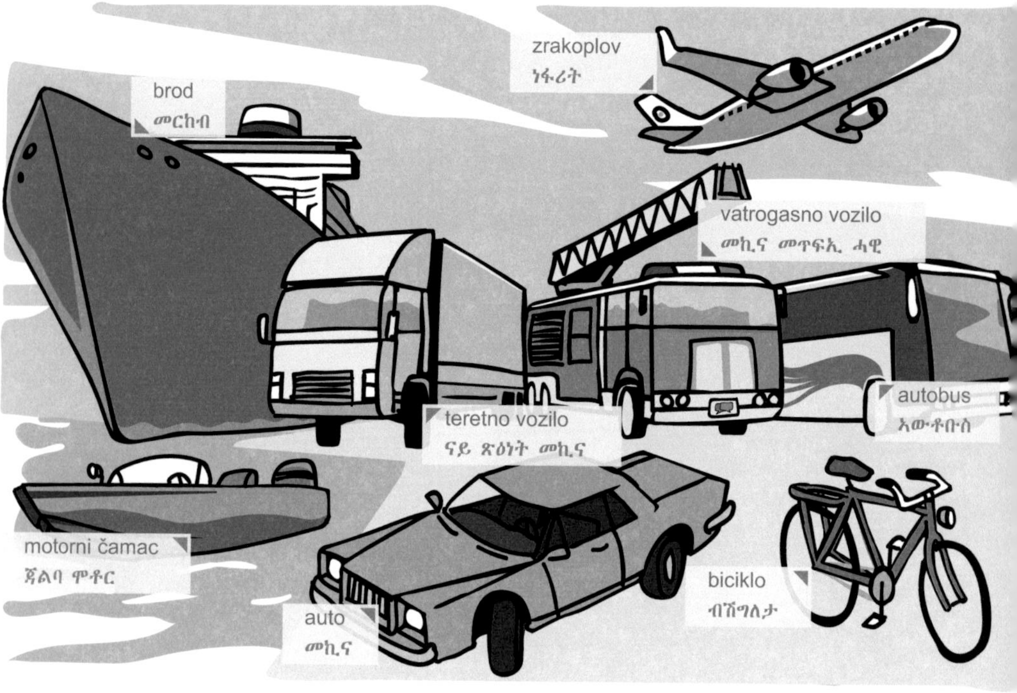
zrakoplov
ነፋሪት
brod
መርከብ
vatrogasno vozilo
መኪና መጥፍኢ ሓዊ
autobus
ኣውቶቡስ
teretno vozilo
ናይ ጽዕነት መኪና
motorni čamac
ጀልባ ሞቶር
biciklo
ብሽግለታ
auto
መኪና

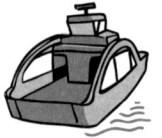

trajekt

ፈሪ

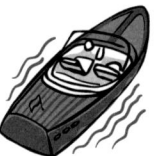

čamac

ጀልባ

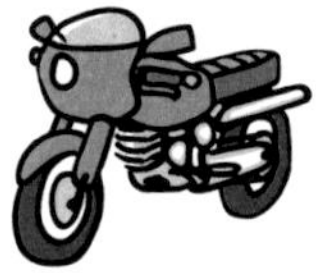

motocikl

ሞቶ

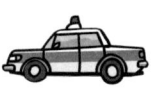

policijski auto

መኪና ፖሊስ

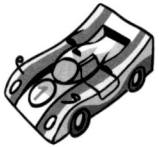

trkaći auto

መኪና ቅድድም

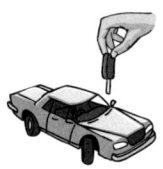

iznajmljeno auto

ክራይ መኪና

dijeljenje automobila

ምውፉይ መካይን

vučno vozilo

መወሰዲ መኪና

vozilo za odvoz smeća

መኪና ጎሓፍ

motor

ሞቶር

benzin

ነዳዲ

benzinska postaja

እንዳ ነዳዲ

prometni znak

ምልክት ትራፊክ

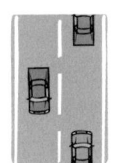

promet

ትራፊክ

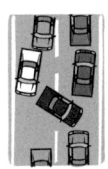

zastoj

ምጭቕጫቕ ትራፊክ

parkiralište

መዐሸጊ መኪና

kolodvor

መዕረፊ ባቡር

šine

ሓዲግ

vlak

ባቡር

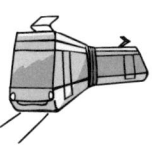

tramvaj

ትረም

vagon

ባጎኒ

helikopter

ሄሊኮፕተር

zrakoplovna luka

መዓረፍ ነፈርቲ

toranj

ታወር

putnik

ተጓዥ

kontejner

ኮንተይነር

karton

ሳንዱቅ ካርቶን

kolica

ኮርሳ ጽዕነት

košara

ዘንቢል

uzletjeti / sletjeti

ተበገሰ / ዓለበ

# grad

# ከተማ

selo

ቀዬሸት

centar grada

ማእከል ከተማ

kuća

ገዛ

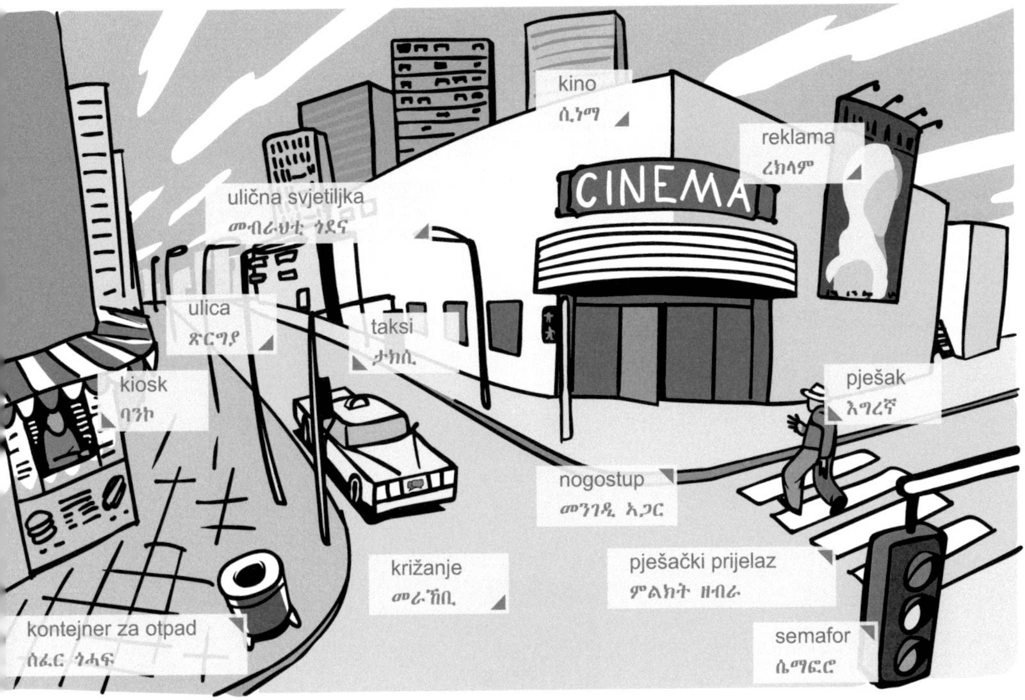
kino
ሲነማ
reklama
ረክላም
CINEMA
ulična svjetiljka
መብራህቲ ጎደና
ulica
ጽርግያ
taksi
ታክሲ
kiosk
ባንኮ
pješak
እግረኛ
nogostup
መንገዲ ኣጋር
križanje
መራኸቢ
pješački prijelaz
ምልክት ዘብራ
kontejner za otpad
ስፈር ጎሓፍ
semafor
ሴማፎሮ

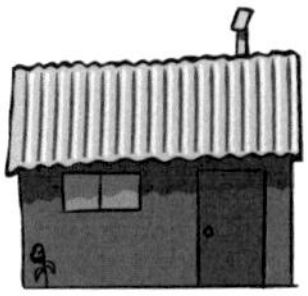

koliba

ኣጕዶ

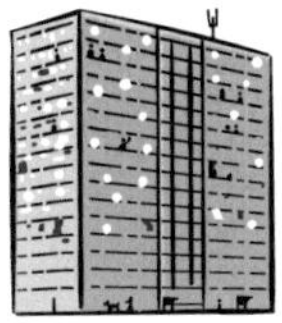

stan

ኣፓርትመንት

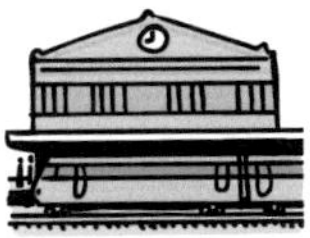

kolodvor

መዕረፊ ባቡር

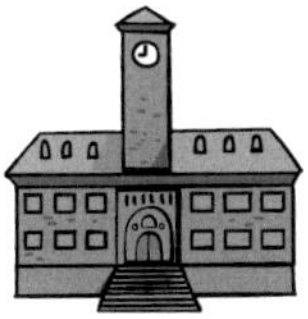

vijećnica

ቤት ምምሕዳር

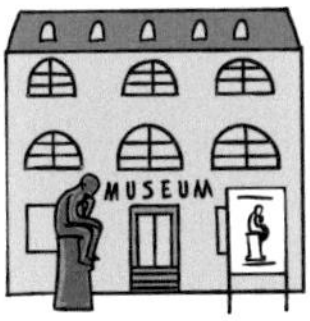
MUSEUM

muzej

ቤተ መዘክር

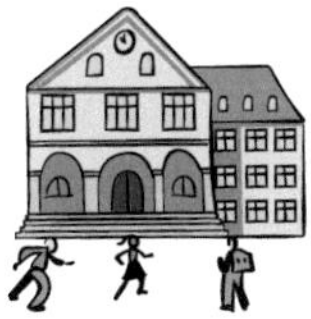

škola

ቤት-ትምህርቲ

sveučilište

ዩኒቨርሲቲ

banka

ባንክ

bolnica

ሆስፒታል

hotel

መቆበሊ አጋይሽ

ljekarna

ቤት መድሃኒት

ured

ቤት ጽሕፈት

knjižara

ዱኳን መጽሓፍቲ

prodavaonica

ዱኳን

cvjećara

ዱኳን ዕንባባ

supermarket

ሱፐርማርክት

trg

ዕዳጋ

robna kuća

ሹቅ

ribarnica

ነጋዳይ ዓሳ

trgovački centar

ሹቅ

luka

መርሳ

park

መዘናግዒ

klupa

ባንኪ

most

ድልድል

stepenice

መደያይቦ

podzemna željeznica

ባቡር ትሕቲ ምድሪ

tunel

ቢንቶ

autobusna stanica

መዕረፊ ኣውቶቡስ

bar

ቤት መስተ

restoran

ቤት-መግቢ

poštansko sanduče

ስታሪት

ulični znak

ታቤላ

parkirni sat

ሰዓት ፓርኪንግ

zoološki vrt

መካነ እንስሳታት

bazen

መሓምበሲ

džamija

መስጊድ

seosko gazdinstvo

ቤት ሕርሻ

zagađenje okoliša

ብክላ

groblje

መቓብር

crkva

ቤተክርስትያን

igralište

ቦታ ምጽዋት

hram

ቤት መቕደስ

## krajolik

## ስእሊ መሬት

list
ኣቝጽልቲ

putokaz
መሕበሪ መገዲ

put
መገዲ

livada
ጽኻ

kamen
እምኒ

šetač
ኩብላሊ

drvo
ኣግራብ

rijeka
ፈለግ

trava
ሳዕሪ

cvijet
ዕንባባ

dolina

ስንጭሮ

planina

ጎቦ

jezero

ቀላይ

šuma

ዱር

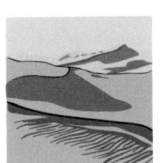

pustinja

ምድረ በዳ

vulkan

እሳተ-ጎመራ

dvorac

ግምቢ

duga

ቀስተ-ደመና

gljiva

ቃንጥሻ

palma

ዓርኮብኮባይ

moskito

ጣንጡ

muha

ሃመማ

mrav

ጻጻ

pčela

ንህቢ

pauk

ሳሬት

buba

ሕንዚዝ

žaba

ዕንቅርያብ

vjeverica

ምጽጹላይ

jež

ቅንፍዝ

zec

ማንቲስ

sova

ጉንን

ptica

ጮሩ

labud

ስዋን

divlja svinja

መፍለስ

jelen

ዓጋዘን

los

ሙስ

nasip

ግድብ

vjetrenjača

ተርባይን ንፋስ

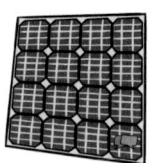

solarna ploča

ሶላር ስርሓት

klima

ኩነታት አየር

16  **krajolik - ስእሊ መሬት**

# restoran

## ቤት-መግቢ

konobar
አሰላፊ
jelovnik
ካርታ
መግብታት
stolica
መንበር
supa
መረቕ
pica
ፒትሳ
stolnjak
ክዳን ጣውላ
pribor za jelo
መመታተሪ

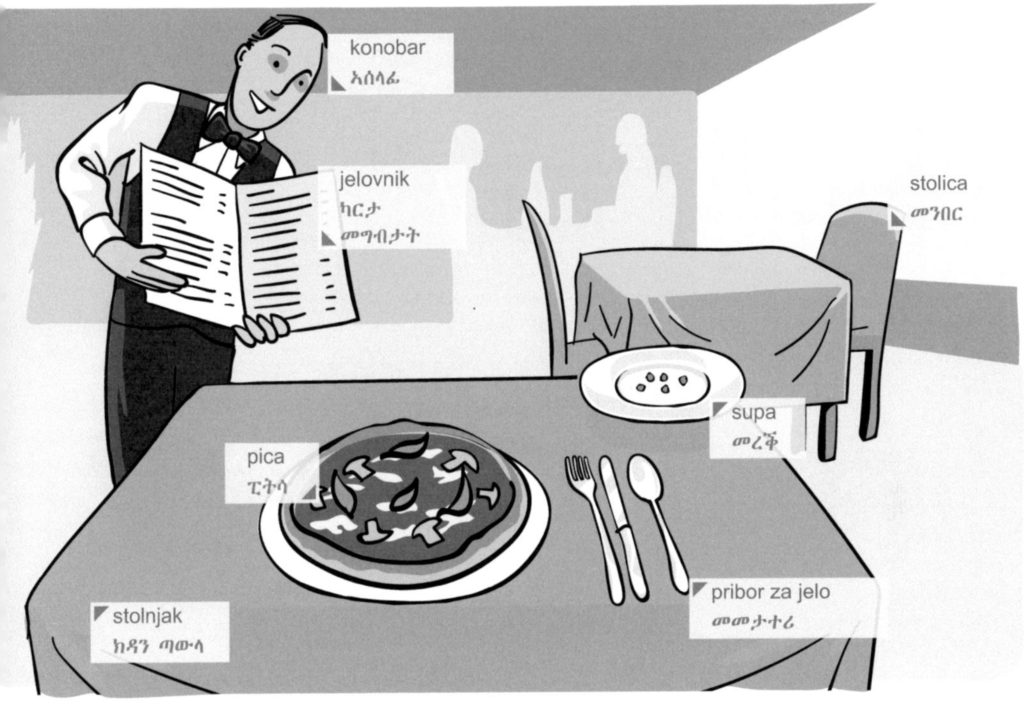

predjelo

ቅድመ ቀንዲ መግቢ

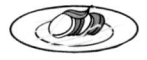

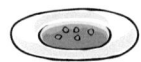

glavno jelo

ቀንዲ መኣዲ

desert

ድሕረ መግቢ

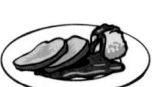

napitci

መስተ

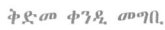

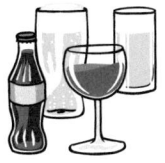

jelo

መግቢ

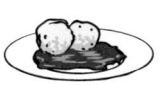

boca

ጥርሙዝ

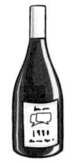

fastfood

ስሉጥ መግቢ

imbis hrana

መግቢ ጽርግያ

čajnik

ብርጭቆ ሻሂ

doza za šećer

ታኒካ ሽኮር

porcija

ክፋል

aparat za espresso

ማሽን ኤስፕሬሶ

visoka stolica

ነዊሕ መንበር

račun

ጸብጻብ

pladanj

ታብለት

nož

ካራ

vilica

ፋርከታ

žlica

ማንካ

čajna žlica

ማንካ ሻሂ

ubrus

ሰርቪየተ

čaša

ብኬሪ

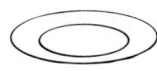

tanjur

ሸሓኒ

tanjur za supu

ሸሓኒ መረቕ

tanjurić

ትሕቲ ኩባያ

sos

ጸብሒ

soljenka

ወሃቢ ጨው

mlin za biber

መጥሓን በርበረ

ocat

ኣቾቶ

ulje

ዘይቲ

začini

ቀመም

kečap

ከቾፕ

senf

ኣድሪ

majoneza

ማዮኔዝ

# supermarket

## ሱፐርማርክት

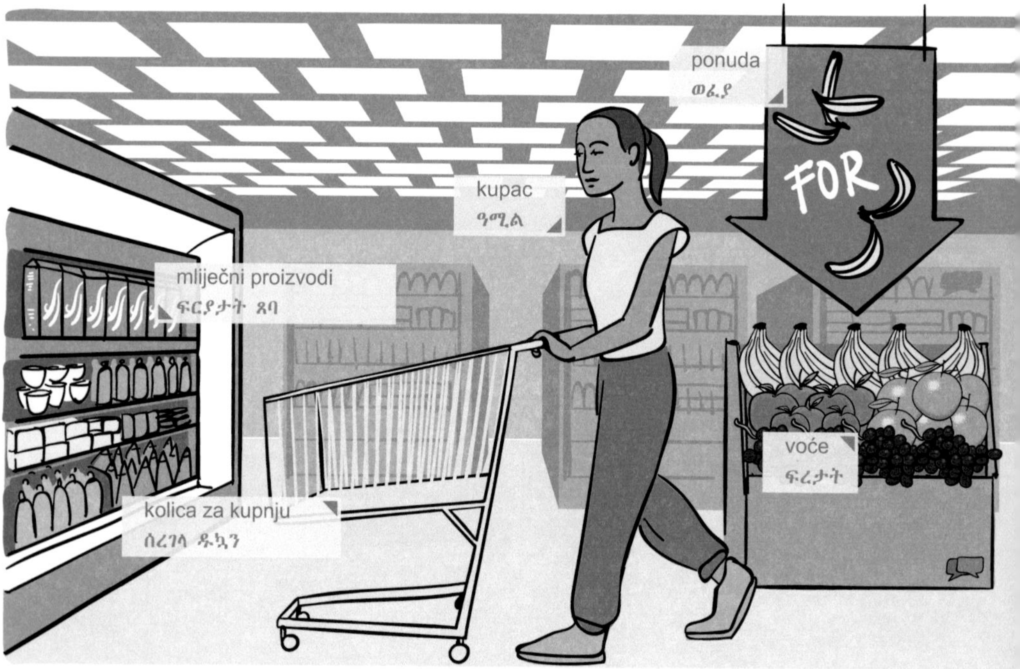
ponuda
ወፈያ
kupac
ዓሚል
mliječni proizvodi
ፍርያታት ጸባ
voće
ፍረታት
kolica za kupnju
ሰረገላ ዱኳን
FOR

BUTCHERS

mesnica

እንዳ ስጋ

BAKERY

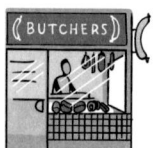

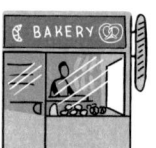

pekarnica

እንዳ ባኒ

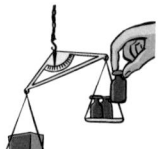

vagati

ክብደት

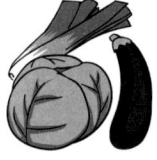

povrće

ኣሕምልቲ

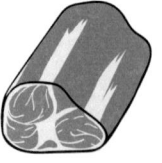

meso

ስጋ

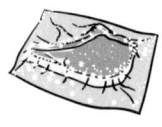

duboko smrznuta hrana

መግቢ ፍሪጅ በረድ

narezak

ዝሑል ቅሩብ መግቢ

konzerve

እስታጣላ

sredstvo za pranje

ኦሞ

slatkiši

ምቁር መግቢ

artikli za domaćinstvo

ዘቤታውያን አቚሑ

sredstva za čišćenje

ናውቲ መጽረዪ

prodavačica

ሸቃጣይ

blagajna

ካሳ

blagajnik

ተሓዝ ገንዘብ

lista za kupnju

ዝርዝር ምግዛእ

vrijeme rada

ክፋት ስዓታት

novčanik

ማሕፋዳ

kreditna kartica

ክረዲት ካርድ

torba

ሳንጣ

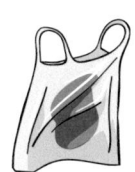

plastična vrećica

ፌስታል

voda

ማይ

sok

ጅማቁ

mlijeko

ጸባ

cola

ኮላ

vino

ነቢት

pivo

ቢራ

alkohol

አልኮል

kakao

ካካው

čaj

ሻሂ

kava

ቡን

espresso

ኤስፕረሶ

cappuccino

ካፑቺኖ

banana

ባናና

jabuka

ቱፋሕ

naranča

አራንሺ

lubenica

ብርጭቆ

limun

ለሚን

mrkva

ካሮት

češnjak

ጸዕዳ ሽጉርቲ

bambus

ባምቡስ

luk

ሽጉርቲ

gljiva

ቅንጥሻ

orašasti plodovi

ፉል

rezanci

ፓስታ

špagete

ስፓጌቲ

riža

ሩዝ

salata

ሰላጣ

pomfrit

ቅልዋ ድንሽ

pečeni krumpir

ቅሉው ድንሽ

pica

ፒትሳ

hamburger

ሃምቡርገር

sendvič

ፓኒኖ

šnicla

ቢስተካ

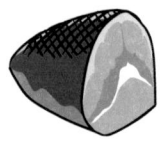

pršut

ስለፍ ሓሰማ

salama

ሳላሚ

kobasica

ግዕዝም

kokoš

ዶርሆ

pečenje

ቀለወ

riba

ዓሳ

zobene pahuljice

ገዓት

musli

ሙስሊ.

kukuruzne pahuljice

ኮርንፍለይክስ

brašno

ሓርጭ

roščić

ክሮሶን

pecivo

ባኒ

kruh

ባኒ

toast

ቶስት

keksi

ብሽኩቲ

maslac

ጠስሚ

svježi sir

ርጎኦ

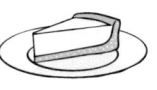

kolač

ፓስት

jaje

እንቋቍሓ

jaje na oko

ቅሉው እንቋቍሓ

sir

ፋርማጆ

sladoled

አይስ ክሪም

šećer

ሽኰር

med

መዓር

marmelada

ጆም

nugat krema

ኑጋት-ክረም

curry

ኩሪ

seoska kuća
ቤት ሕርሻ

sjenik
መኸዘን

bale sijena
ሓሰር ቦንዳ

polje
ግራት

konj
ፈረስ

prikolica
ተስሓቢ

ždrijebe
ዒሉ

traktor
ትራክተር

magarac
አድጊ

lane
ዕየት

ovca
በጊዕ

koza

ጤል

krava

ብዕራይ

tele

ምራኽ

svinja

ሓሰማ

prase

ውላድ ሓሰማ

bik

ኣርሒ

guska

ዓሳ

patka

ማይ ደርሆ

pilići

ጫቊፋት

kokoš

ደርሆ

pijetao

አርሐ ደርሆ

pacov

አንጨዋ ዓባይ

mačka

ድሙ

miš

አንጭዋ

vol

ብዕራይ

pas

ከልቢ

kućica za psa

አጕዶ ከልቢ

vrtno crijevo

ቱባ ጀርዲን

kanta za polijevanje

መዝፈፊ ማይ

kosa

ዓቢ ማዕጺድ

plug

ማሕረሻ

srp

ማዕጺ.ድ

motika

ጮኴሮ

vilica za gnojivo

መስአ

sjekira

ፋስ

tačke

ዓረብያ ኢ.ድ

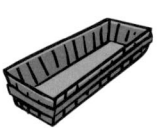

korito

ጋብላ

posuda za mlijeko

ብርጭቆ ጸባ

vreća

ክሻ

ograda

ሓጹር

štala

መንሰስ

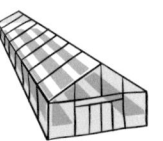

staklenik

ቾጠልያ ገዛ

zemlja

ባይታ

sjeme

ዘርኢ.

gnojivo

ድኹዒ.

kombajn

ዘጣምር ቀውዓይ

žanjati

ቀውዐ

žetva

ጸማ

yams začin

ድንሽ ያም

pšenica

ስርናይ

soja

ሶያ

krumpir

ድንሽ

kukuruz

ዕፉን

uljana repica

ራፕስ

voćka

ገረብ ፍረታት

gomolj manioke

ማኒኦክ

žitarice

አእኸል

# kuća

## ገዛ

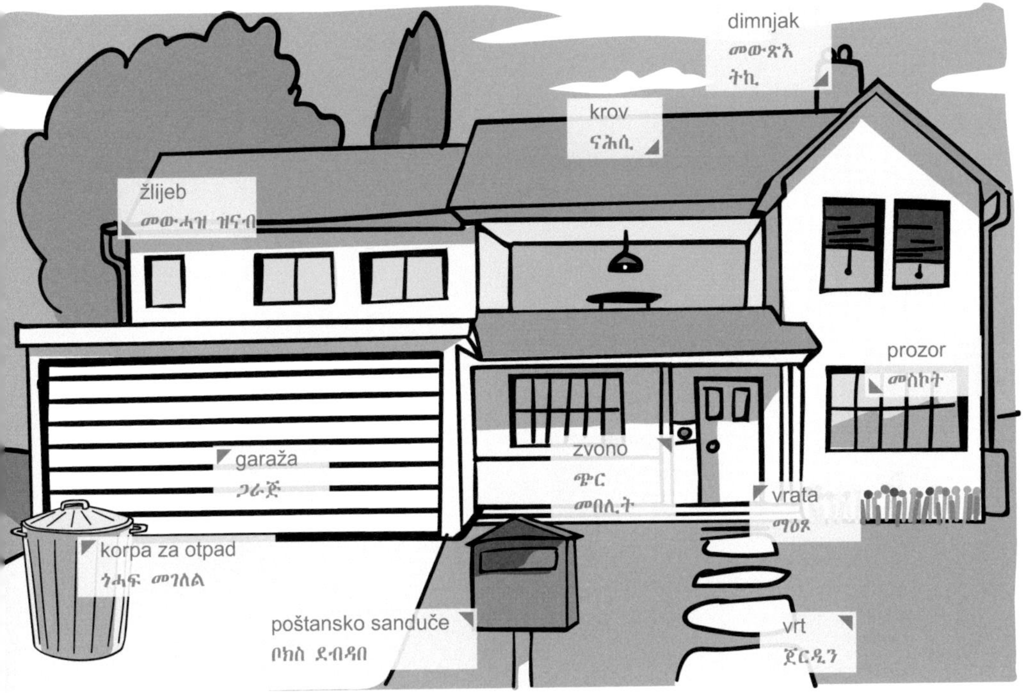
dimnjak
መውጽእ ትኪ
krov
ናሕሲ
žlijeb
መውሓዝ ዝናብ
prozor
መስኮት
garaža
ጋራጅ
zvono
ጭር መበሊት
vrata
ማዕጾ
korpa za otpad
ጎሓፍ መገለል
poštansko sanduče
ቦክስ ደብዳበ
vrt
ጀርዲን

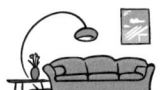

dnevna soba

ክፍሊ ምቕማጥ

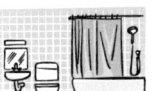

kupaonica

ክፍሊ ባንዮ

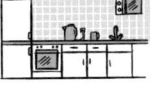

kuhinja

ክሽነ

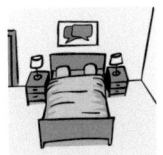

spavaća soba

ክፍሊ መደቀሲ

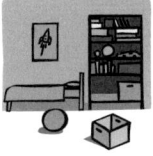

dječija soba

ክፍሊ ቆልዑ

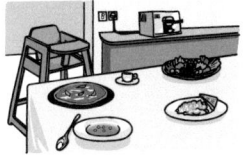

trpezarija

መመገቢ ክፍሊ

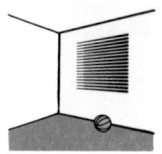

pod

ባይታ

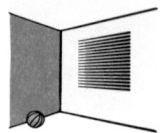

zid

መንደቅ

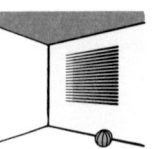

strop

ከበርታ

podrum

ካንቲና

sauna

ሳውና

balkon

ባልኮን

terasa

ዛላ

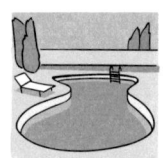

bazen

መሕምበሲ

kosilica za travu

መቑረጺ ሳዕሪ

posteljina za krevet

አንሶላ ዓራት

deka za krevet

ከበርታ ዓራት

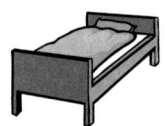

krevet

ዓራት

metla

መኾስተር

kanta

መገለል

sklopka

መወልዒት

# dnevna soba
## ክፍሊ ምቕማጥ

tapeta
ወረቐት
መንደቕ
slika
ስእሊ
svjetiljka
ላምፓ
regal
ከብሒ
ormar
ከብሒ
televizija
ተለቪዥን
kamin
መውጽኢ ትኪ ኣብ
ገዛ
cvijet
ዕንባባ
jastuk
መተርኣስ
kauč
ሳሎን
vaza
ባዞ
daljinski upravljač
ሪሞት

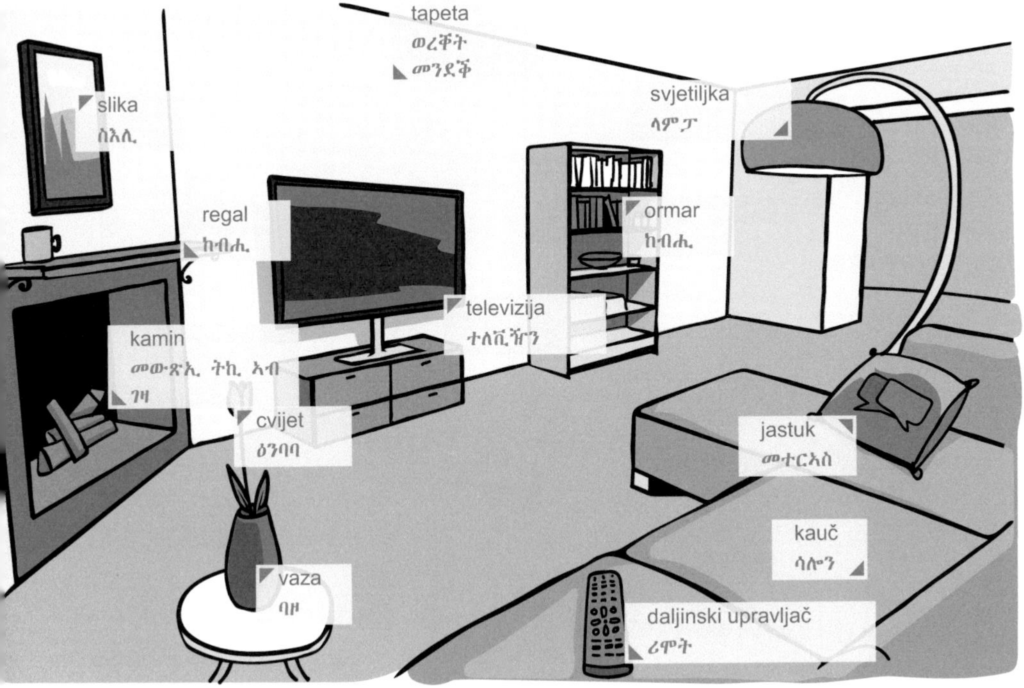

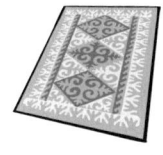

tepih

መንጸፍ

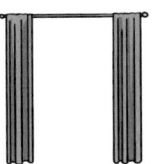

zavjesa

መጋረጃ

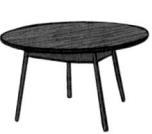

stol

ጣውላ

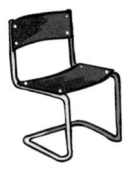

stolica

መንበር

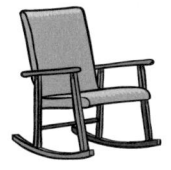

stolica za njihanje

ሰለል ዝብል መንበር

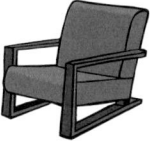

fotelja

መንበር ምቹእ

knjiga

መጽሐፍ

deka

ከበርታ

dekoracija

ስልማት

drvo za ogrjev

እንጨይቲ ሓዊ

film

ፊልም

stereo uređaj

ስተረዮ

ključ

መፍትሕ

novine

ጋዜጣ

slika na platnu

ቅብኣ

poster

ፖስተር

radio

ረድዮ

blok za pisanje

ጥራዝ

usisavač

መልጎሲ ደርና

kaktus

በለስ

svijeća

ሽምዓ

# kuhinja
# ክሽነ

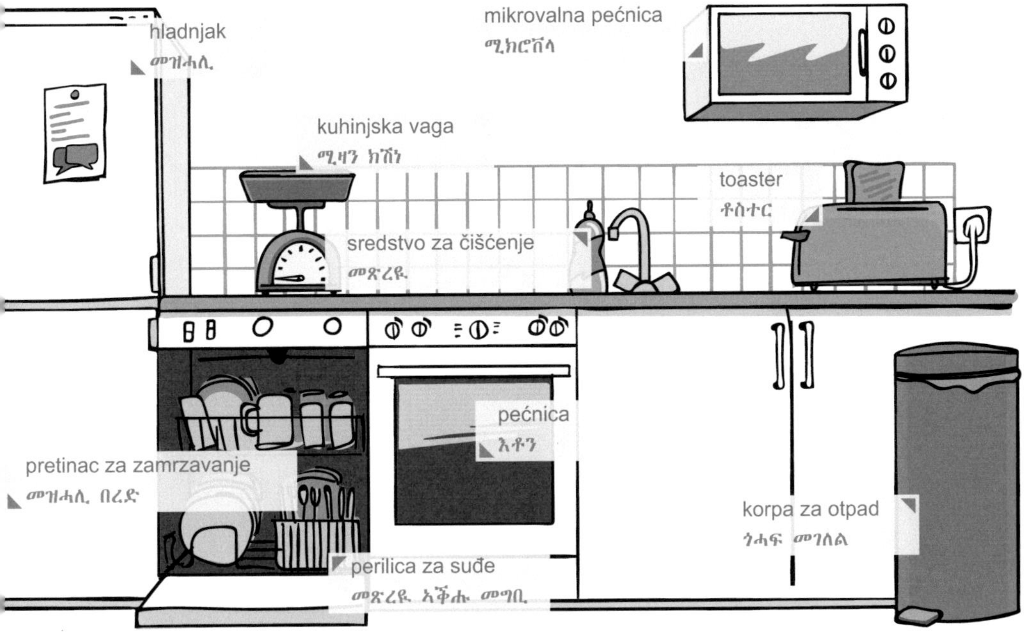
hladnjak
መዝሓሊ
mikrovalna pećnica
ሚክሮቨላ
kuhinjska vaga
ሚዛን ክሽነ
toaster
ቶስተር
sredstvo za čišćenje
መጽረዩ
pećnica
እቶን
pretinac za zamrzavanje
መዝሓሊ በረድ
korpa za otpad
ጓሓፍ መገለል
perilica za suđe
መጽረዩ ኣቕሑ መግቢ

štednjak

መኸሸኒ

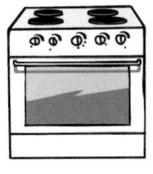

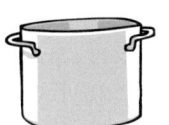

lonac

ድስቲ

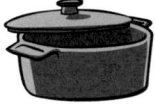

željezni lonac

ድስቲ ሓጺን

wok / kadai

ቮክ/ካዳይ

tava

ባደላ

kuhalo za vodu

መውዓዩ ማይ

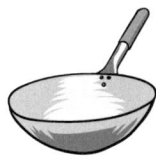

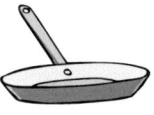

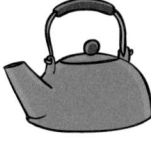

kuhalo na paru

መፍልሒ.

lim za pečenje

ጋንቲራ ምስንካት

posuđe

አቑሑ መግቢ.

čaša

ብርጭቆ

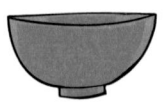

zdjela

ጭሖሎ

štapići za jelo

ማንካቺና

kutljača

ማንካ መረቅ

lopatica

መገልበጢ. ባደላ

pjenjača

መኹስተር ውርጪ.

sito za kuhanje

መንፈ.ት መግቢ.

sito

መንፈ.ት

ribež

መፋሕፍሒ.

mužar

ሞርታር

roštilj

ባርቢ.ኪዩ

ognjište

ስፍራ ሓዊ

daska

እንጨይቲ ምምታር

oklagija

እንጨይቲ ኩረር

vadičep

መኽፈት ቡሽ

konzerva

ታኒካ

otvarač konzervi

መኽፈቲ ታኒካ

krpa za lonac

ጨርቂ ድስቲ

sudoper

ቡምባ

četka

አስባስላ

spužva

ሰፍነግ

mikser

ሓዋሲ. አደባላቒ

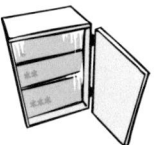

zamrzivač

መዝሓሊ. በረድ

bočica za bebe

ጥርሙዝ ማማይ

slavina za vodu

ቡምባ ማይ

# kupaonica
## ክፍሊ ባንዮ

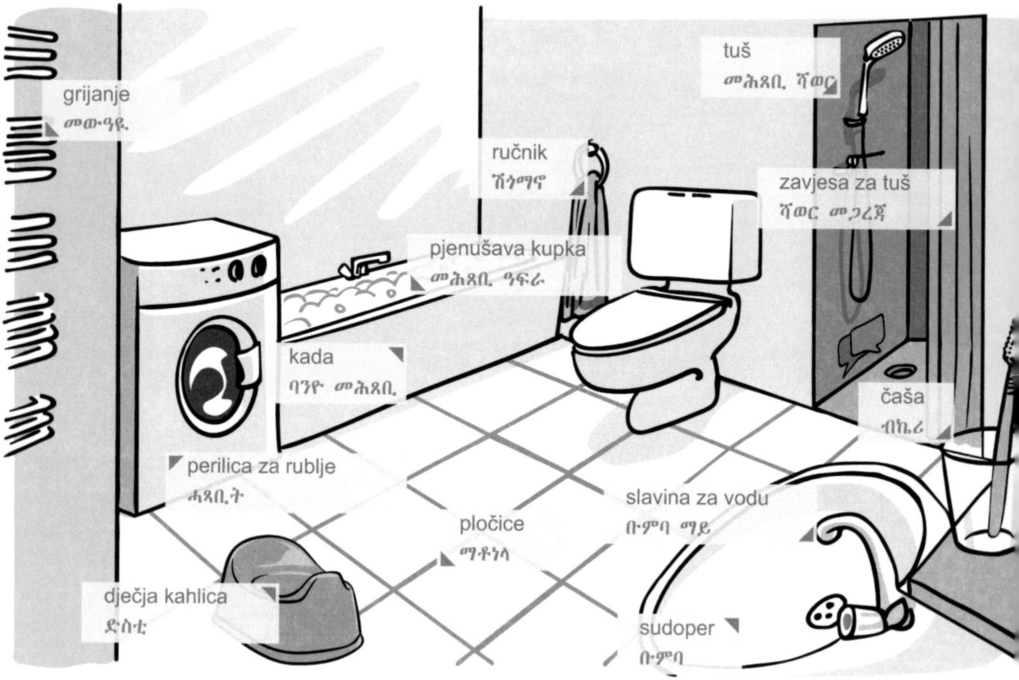

tuš
መሕጸቢ ሻወር
grijanje
መውዓዪ
ručnik
ሽጎማኖ
zavjesa za tuš
ሻወር መጋረጃ
pjenušava kupka
መሕጸቢ ዓፍራ
kada
ባንዮ መሕጸቢ
čaša
ብኬሪ
perilica za rublje
ሓጻቢት
slavina za vodu
ቡምባ ማይ
pločice
ማቶነላ
dječja kahlica
ድስቲ
sudoper
ቡምባ


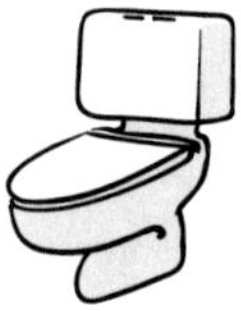

toalet
ሽቓቕ

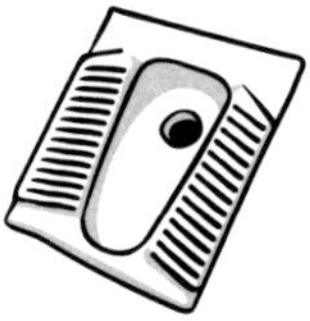

čučavac
ሽቓቕ ኮፍ

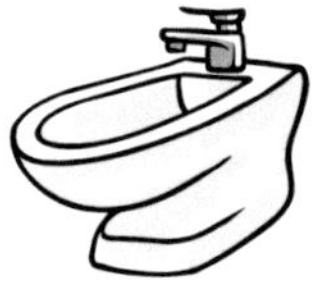

bidet
በዴ

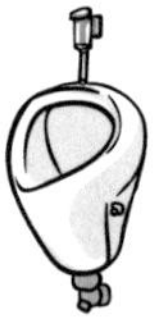

pisoar
ሽቓቕ ተባዕታይ

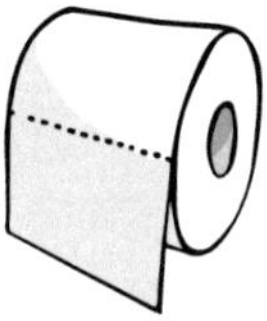

papir za toalet
ወረቐት ሽቓቕ

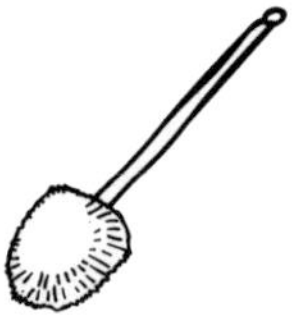

četka za toalet
ኣስባስላ ሽቓቕ

četkica za zube

አስባስላ ስኒ

pasta za zube

ክሬማ ስኒ

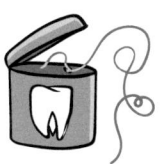

konac za zube

ሃሪ ስኒ

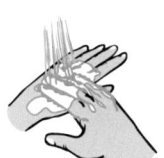

prati

ሓጸበ

tuš ručica

ዱሽ ኢድ

tuš za pranje intimnih dijelova

ዱሽ

lavor

ብርጭቆ ምሕጻብ

četka za pranje leđa

አስባስላ ሕቘ

sapun

ሳምና

gel za tuširanje

ሻወር ጄል

šampon

ሻምፑ

krpa za pranje

ጨርቂ መሕጸቢ

odvod

መውሓዚ

krema

ክሬማ

dezodorans

ደዮ ጨና

ogledalo

መስትያት

kozmetičko ogledalo

ናይ ኢድ መስትያት

brijač

መላጸ

pjena za brijanje

ዓፍራ ምልጻይ

losion za poslije brijanja

ጨና ድሕሪ ምልጻይ

češalj

መመሸጥ

četka

ኣስባስላ

sušilo za kosu

መንቆጺ ጸጉሪ

sprej za kosu

ስፐረይ ጸጉሪ

makeup

መመላኽዒ

ruž za usne

ብርዒ ቀለም ከንፈር

lak za nokte

ኣዝማላቶ

vata

ጸምሪ ጡጥ

škare za nokte

መስደዲ ጽፍሪ

parfem

ጨና

neseser

ሳንጣ መሕጸቢ.

stolica

ድኳ

vaga

ሚዛን

ogrtač

ክዳን መሕጸቢ.

rukavice za čišćenje

ጓንቲ መጸረዩ

tampon

ታምፖን

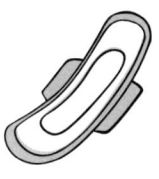

uložak

ጨርቂ ሰበይቲ

kemijski toalet

ሽቓቕ ከሚስትሪ

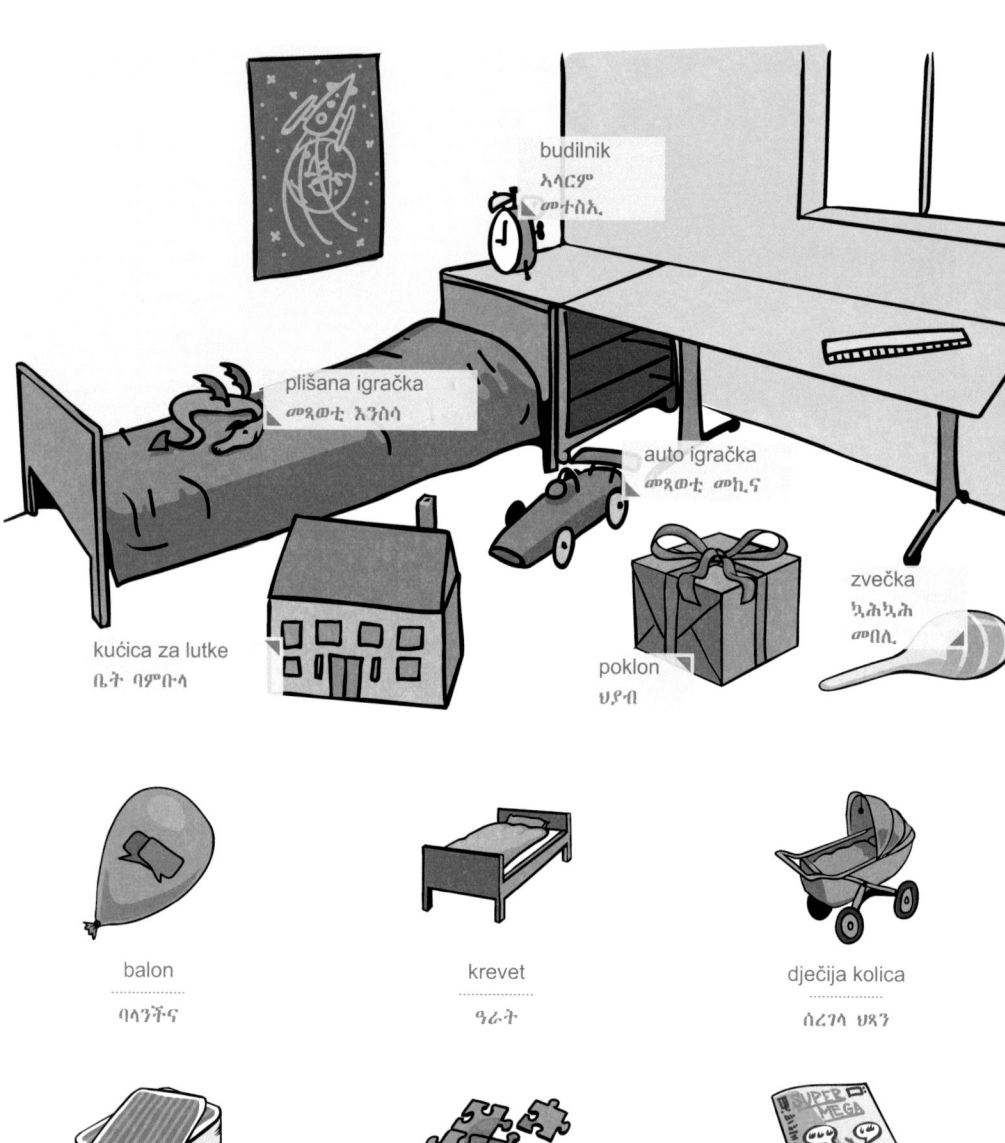

budilnik
አላርም መተስኢ

plišana igračka
መጻወቲ እንስሳ

auto igračka
መጻወቲ መኪና

zvečka
ኳሕኳሕ መበሊ

kućica za lutke
ቤት ባምቡላ

poklon
ህያብ

balon
ባላንችና

krevet
ዓራት

dječija kolica
ሰረገላ ህጻን

igra s kartama
ጸወታ ካርታ

slagalica
ሕንቅልሒ ተይ

strip
ኮሜዲ

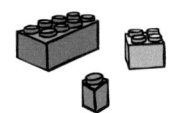

lego kockice

እምነታት መጻወቲ ለጎ

kockice za slaganje

መጻወቲ እምነታት

akcioni junak

በዓል አክቸን

kombinezon za bebe

ክዳን ማማይ

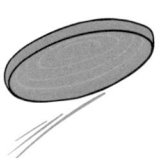

frizbi

ፍሪስቢ

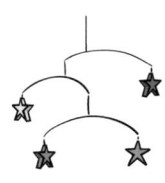

viseće igračke

ሞባይል ማማይ

društvene igre

ጸወታ ሰሌዳ

kocka

ኩቦ

minijaturna željeznica

ሞደል ባቡር ምድሪ

duda

ዓባስ

tulum

ፓርቲ

slikovnica

መጽሓፍ ስእሊ

lopta

ኩዕሶ

lutka

ባምቡላ

igrati

ተጻወተ

pješčanik

መጻወቲ ሑጻ

ljuljačka

ሰላል

igračka

መጻወቲታት

konzola za igre

ኮንሶል ቪድዮ

tricikl

መጻወቲ ሰለስተ መንኮርኮር

plišani medo

ተዲ

ormar

ከብሒ, ክዳን

## odjeća

### ክዳን

kratke čarape

ካልስታት

čarape

ነዊሕ ካልስታት

hulahopke

ስረ ካልሲ

šal
ሻርባ

kišobran
ጽላል

t-shirt
ማልያ

kaiš
ቁልፊ

čizme
ረፋዕ

papuče
ጫማ ገዛ

patike
ስኒክርስ

sandale

ሽበጥ

cipele

ጫማ

gumene čizme

ረፋዕ ጎማ

gaćice

ሙታንታ

grudnjak

ክዳን ጡብ

potkošulja

ትሕተ ካሚቻ

bodi

ቦዲ

hlače

ስረ

džins

ጂንስ

haljina

ቀምሽ

bluza

ካምቻ

košulja

ካሚቻ

džemper

ጉልፎ

pulover s kapuljačom

ጎልፎ

blejzer

ጃኬት

jakna

ጃከት

kaput

ጁባ

kabanica

ክዳን ዝናብ

kostim

ኮስቱም

haljina

ቀምሽ

vjenčanica

ቀምሽ መርዓ

46　　　odjeća - ክዳን

odijelo

ልብሲ

spavaćica

ካሚቻ ለይቲ

pidžama

ክዳን ለይቲ

sari

ሳሪ

rubac

መሃረብ ርእሲ

turban

ቱርባን

burka

ቡርካ

kaftan

ካፍታን

abaja

አባያ

kupaći kostim

ክዳን መሕምበሲ

kupaće gaćice

ስረ መሕምበሲ

kratke hlače

ሓጺር ስረ

odjeća za trening

ክዳን ታዕሊም

pregača

በጃ ክዳን

rukavice

ጓንቲ

gumb

መልጎም

naočale

መነጽር

narukvica

በንናጅር

ogrlica

ማዕተብ

prsten

ቀለበት

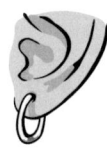

naušnica

ኩትሻ

kapa

ቆብዕ

vješalica

መንበሪ ጁባ

šešir

ባርኔጣ

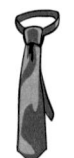

kravata

ካራባት

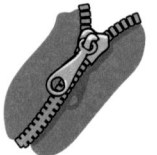

patent zatvarač

ሻርኔጣ

kaciga

ሀልመት

naramenice

መድልደል ስረ

školska uniforma

ድቢዛ ቤት ትምህርቲ

uniforma

ድቢዛ

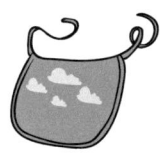

podbradak

ሰደርያ ቆልዓ

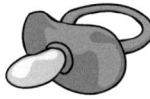

duda

ዓባስ

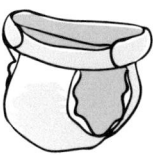

pelena

ጨርቂ ማማይ

# ured

## ቤት ጽሕፈት

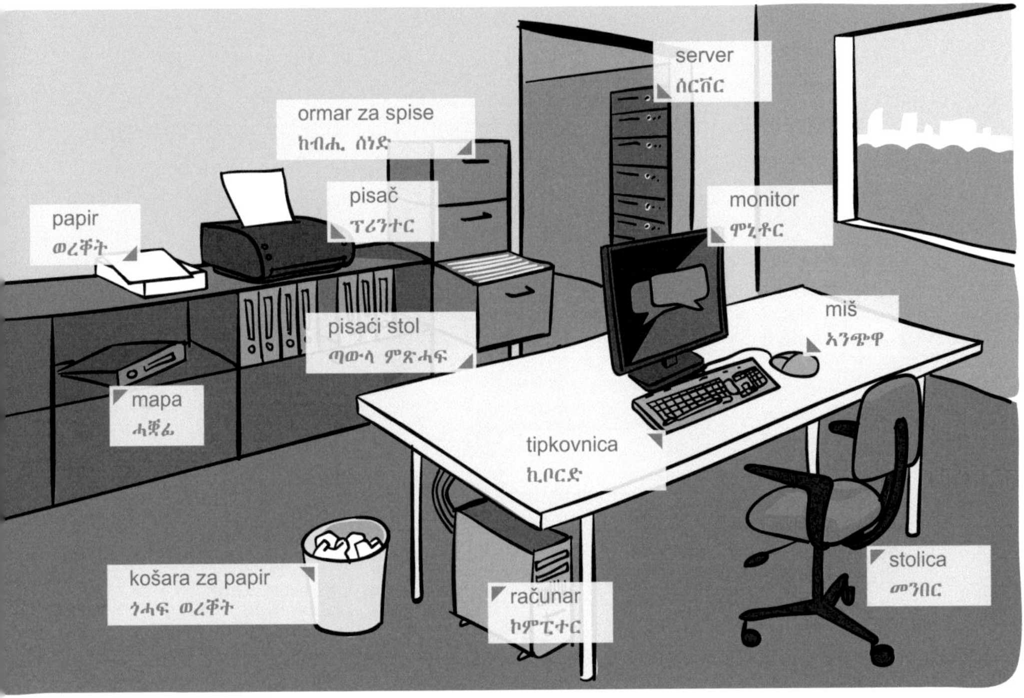

server
ሰርቨር
ormar za spise
ከብሒ ሰነድ
pisač
ፕሪንተር
papir
ወረቐት
monitor
ሞኒቶር
miš
ኣንጭዋ
pisaći stol
ጣውላ ምጽሓፍ
mapa
ሓቖፊ
tipkovnica
ኪቦርድ
stolica
መንበር
košara za papir
ጎሓፍ ወረቐት
računar
ኮምፒተር


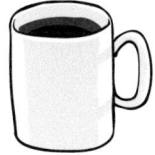

šalica za kavu

ብርጭቆ ቡን

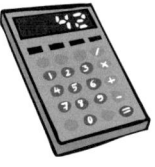

kalkulator

ካልኩለተር

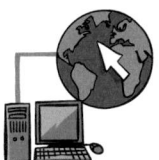

internet

ኢንተርነት

laptop

ላፕቶፕ

pismo

ደብዳበ

poruka

መልእኽቲ

mobilni telefon

ሞባይል

mreža

ነትወርክ/መርበብ

uređaj za kopiranje

መቅድሒ ፎቶኮፒ

softver

ሶፍትዌር

telefon

ተለፎን

utičnica

ሶከት ኣረንቲ

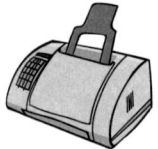

faks

ፋክስ

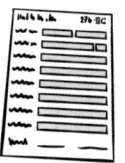

obrazac

ፎርም

dokument

ሰነድ

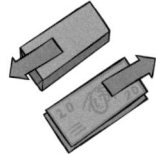

kupovati

ገዝአ

platiti

ከፈለ

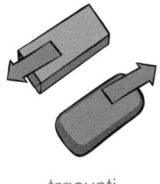

trgovati

ነግዲ

novac

ገንዘብ

 USD

dolar

ዶላር

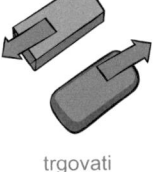 EUR

euro

አይሮ

 JPY

jen

የን

 RUB

rubalj

ሩብል

 CHF

švicarski franak

ስዊዝ ፍራንክን

 CNY

renmindbi yuan

ረንሚንቢ ዮዋን

 INR

rupija

ሩፕየ

automat za novac

መውጽኢ ማሽን ገንዘብ

mjenjačnica

ቦታ ቅያር ገንዘብ

zlato

ወርቂ

srebro

ብሩር

nafta

ዘይቲ

energija

ሓይሊ

cijena

ዋጋ

ugovor

ውዕል

porez

ቀረጽ

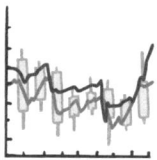

dionica

እኩብ ጥሪ-ነገራት

raditi

ሰርሐ

službenik

ሰራሕተኛ

poslodavac

ኣስራሒ

tvornica

ትካል

prodavaonica

ዱኳን

# zanimanja

## ሞያታት

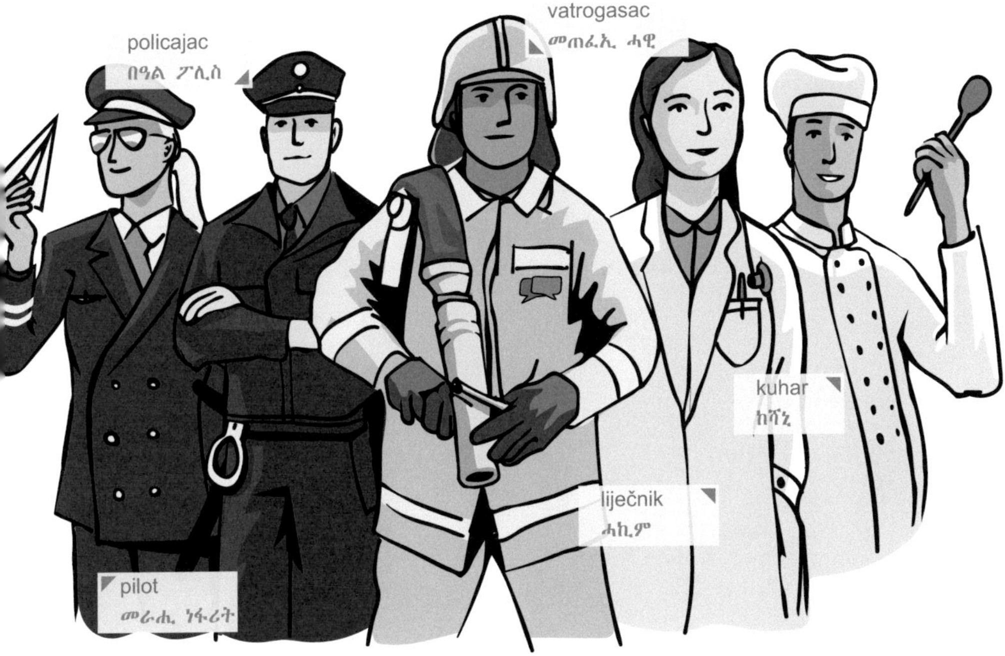
policajac
በዓል ፖሊስ
vatrogasac
መጠፈኢ ሓዊ
kuhar
ከሻኒ
liječnik
ሓኪም
pilot
መራሒ ነፋሪት

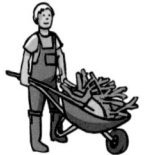

vrtlar

ሰራሕተኛ ጀርዲን

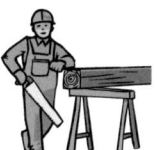

stolar

ጸራቢ ዕንጸይቲ

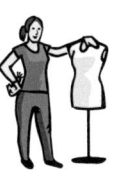

krojačica

ሰፋይት

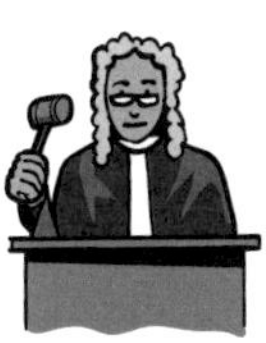

sudija

ፈራዳይ

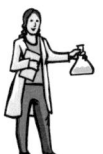

kemičar

ቀማሚ

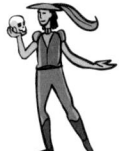

glumac

ተዋሳኢ

vozač autobusa

መራሒ አዉቶቡስ

vozač taksija

አዉቲስታ ታክሲ

ribar

ገፋፊ ዓሳ

čistačica

ጸራጊት

krovopokrivač

ሃናጺ ናሕሲ

konobar

አሰላፊ

lovac

ሃዳናይ

slikar

ሰአላይ

pekar

እንዳ ሕብስቲ

električar

ኤለትሪከኛ

građevinski radnik

ሃናጺ አባይቲ

inženjer

ሃንዳሲ

mesar

ሰራሕተኛ እንዳ ስጋ

limar

ድራብሊኮ

poštar

አማላላሲ ፖስጣ

vojnik

ወተሃደር

arhitekta

መሃንድስ

blagajnik

ተሓዝ ገንዘብ

cvjećar

ሰራሕተኛ ዕምባባ

frizer

ቀምቃማይ

kondukter

ፈተሪኖ

mehaničar

መካኒክ

kapetan

መራሒ መርከብ

zubar

ሓኪም ስኒ

znanstvenik

ተመራማሪ

rabi

ራቢ

imam

ኢማም

monah

ፈላሲ

svećenik

ቀሺ

# alati
## ናውቲ

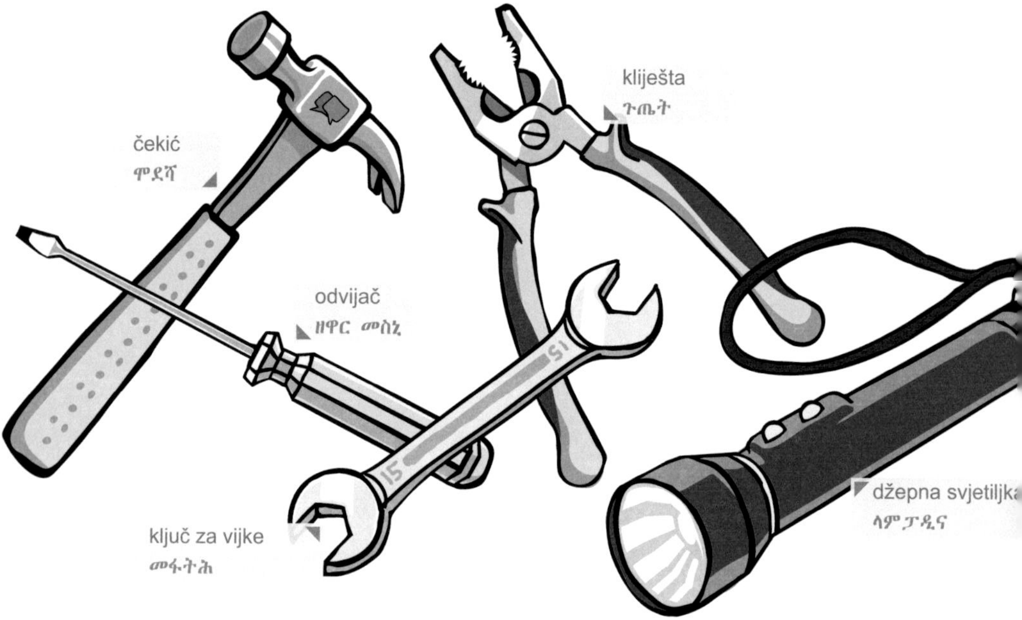
kliješta
ጉጤት
čekić
ሞደሻ
odvijač
ዘዋር መስኒ
džepna svjetiljk
ላምፓዲና
ključ za vijke
መፋትሕ

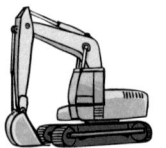

rovokopač

ፈሓሪ

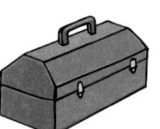

kutija za alat

ናውቲ ቦክስ

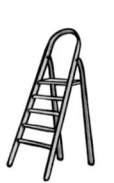

ljestve

መደያይቦ

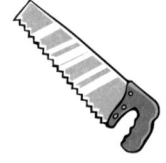

pila

መጋዝ

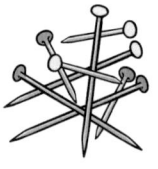

ekser

መስማር

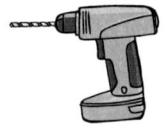

bušilica

ኩዓቲ

popraviti

ምዕራይ

lopata

ባደላ

Sranje!

ኣይ!

lopatica

መትሓዚ ዶሮና

lonac za boju

ድስቲ ቀለም

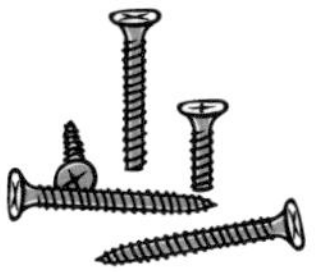

vijci

ካቻቢተ

## glazbeni instrument

### መሳርሒ ሙዚቃ

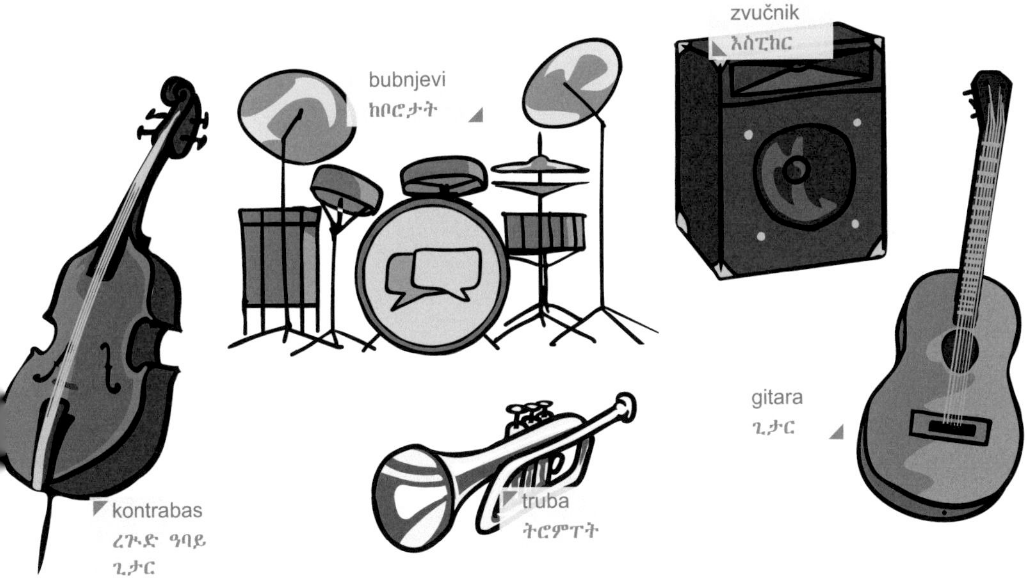

zvučnik

እስፒከር

bubnjevi

ከበሮታት

gitara

ጊታር

kontrabas

ረጉድ ዓባይ

ጊታር

truba

ትሮምፐት

klavir

ፒያኖ

violina

ቪዮሊን

bas

ባስ ጊታር

timpani

ቲምንኢ

udaraljke za bubnjeve

ከበሮ

keyboard

ኦርጋን

saksofon

ሳክሶፎን

flauta

ሻምብቆ

mikrofon

ሚክሮፎን

# zoološki vrt

## መካነ እንስሳታት

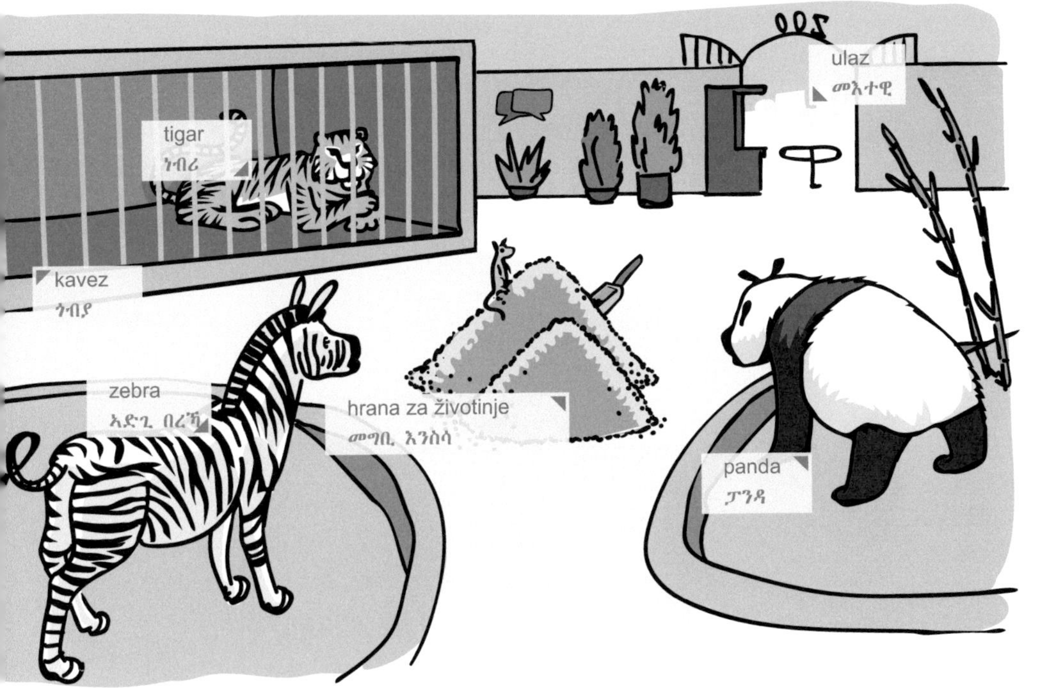

ulaz
መእተዊ
tigar
ነብሪ
kavez
ጎብያ
zebra
ኣድጊ በረኻ
hrana za životinje
መግቢ እንስሳ
panda
ፓንዳ


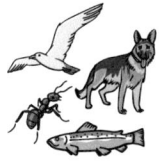

životinje

እንስሳታት

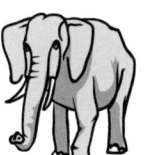

slon

ሓርማዝ

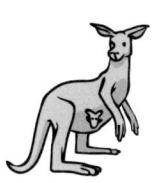

kengur

ካንጋሩ

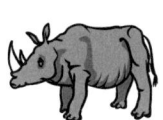

nosorog

ሓሪሽ

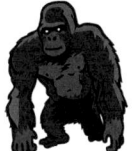

gorila

ጉሪላ

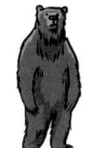

medvjed

ድቢ

kamila

ገመል

noj

ሰገን

lav

አንበሳ

majmun

ህበይ

flamingo

ፍላሚንጎ

papagaj

ሕንፃይ

polarni medvjed

ድቢ በረድ

pingvin

ፐንጒን

ajkula

ክልቢ ዓሳ

paun

ጣውስ

zmija

ተመን

krokodil

ሓርገጽ

čuvar u zoološkom vrtu

ሓላዊ ቤት ገርድሽ

tuljan

ዓሳ ዚምገብ እንስሳ ባሕሪ

jaguar

ጃጓር

poni

ሓጹር ፈረስ

leopard

ነብሪ

nilski konj

ጉማሬ

žirafa

ጂራፍ

orao

ሊላ

divlja svinja

መፍለስ

riba

ዓሳ

kornjača

ጎብየ

morž

ዋልሩስ

lisica

ወኻርያ

gazela

ሰስሓ

američki nogomet
ናይ ኣሜሪካ ኩዕሶ እግሪ

biciklizam
ምዝዋር ብሽግለታ

tenis
ተኒስ

košarka
ባስከትባል

plivanje
ምሕምባስ

hockey na ledu
ሆኪ በረድ

boks
ቦክሲንግ

nogomet
ኩዕሶ እግሪ

badminton
ባድሚንቶን

atletika
እስፖርታዊ ንጥፈታት

rukomet
ኩዕሶ ኢድ

skijanje
ስኪ

polo
ፖሎ

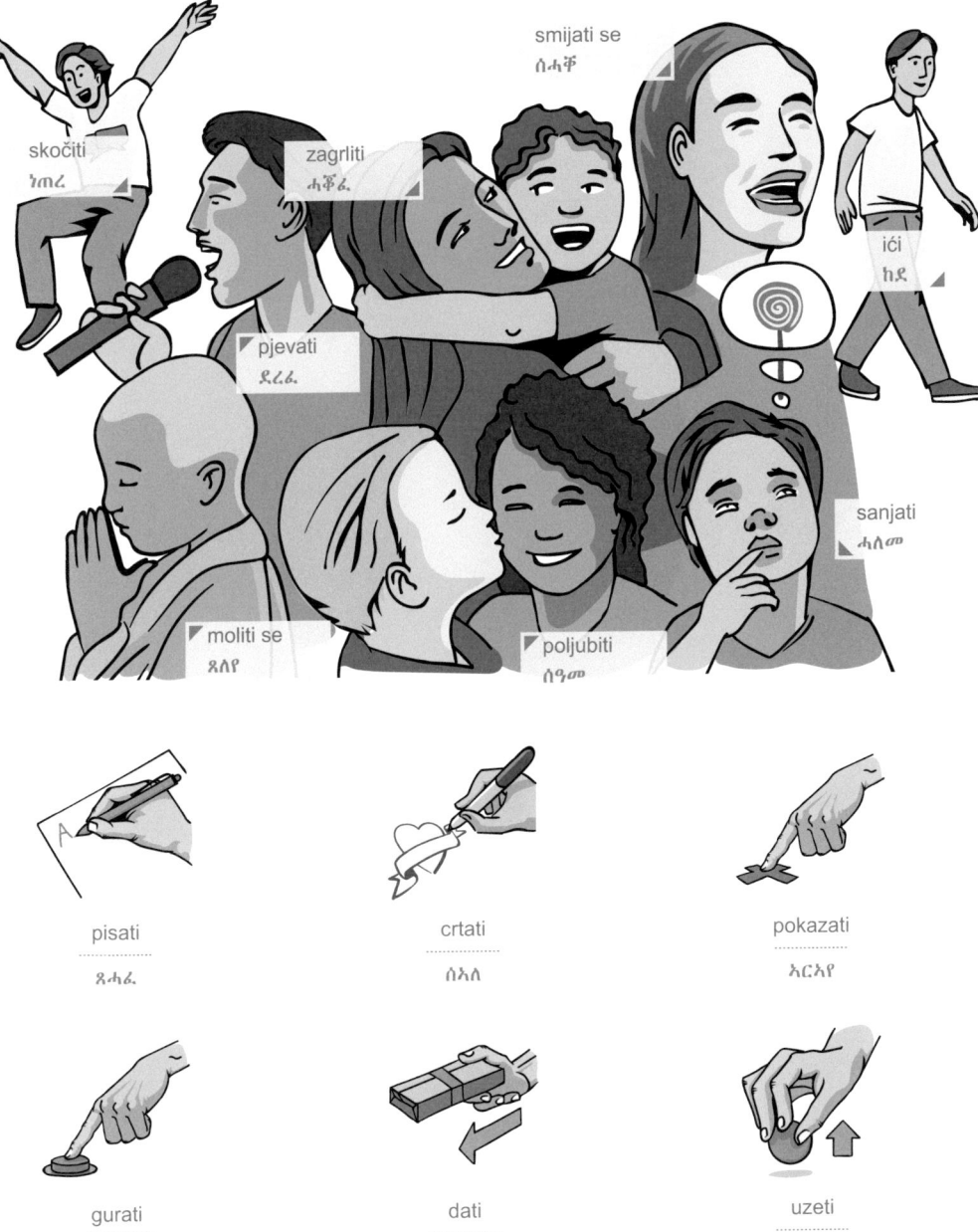

skočiti
ነጠረ

smijati se
ሰሓቐ

zagrliti
ሓቖፈ

ići
ከደ

pjevati
ደረፈ

sanjati
ሓለመ

moliti se
ጸለየ

poljubiti
ሰዓመ

pisati
ጸሓፈ

crtati
ሰኣለ

pokazati
ኣርኣየ

gurati
ደፍአ

dati
ሃበ

uzeti
ወሰደ

imati

ኣለወ

činiti

ገበረ

biti

ኮነ

stojati

ጠጠው በለ

trčati

ጎየየ

povlačiti

ሰሓበ

baciti

ሰንደወ

padati

ወደቐ

ležati

ሓሰወ

čekati

ተጸበየ

nositi

ሰከም

sjediti

ኮፍ በለ

oblačiti

ተኸድነ

spavati

ደቀሰ

probuditi se

ተስአ

gledati

ረአየ

plakati

በኸየ

milovati

ብኢጸብዑ ደረዘ

češljati

መሸጠ

govoriti

ተዛረበ

razumjeti

ተረድኣ

pitati

ሓተተ

slušati

ሰምዐ

piti

ሰተየ

jesti

በልዐ

pospremiti

ኣቾመጠ

voljeti

ኣፍቀረ

kuhati

ከሽነ

voziti

ዘወረ

letjeti

ነፈረ

ploviti

ብመርከብ ገየሽ

računati

ደመረ

čitati

አንበበ

učiti

ተመሃረ

raditi

ሰርሐ

vjenčati se

መርዓወ

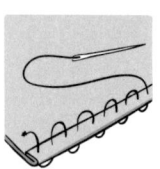

šiti

ሰፈየ

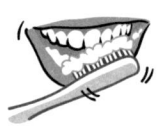

prati zube

ጽሬት አስናን

ubiti

ቀተለ

pušiti

ሽጋራ ተከኸ

poslati

ሰደደ

# obitelj

# ስድራቤት

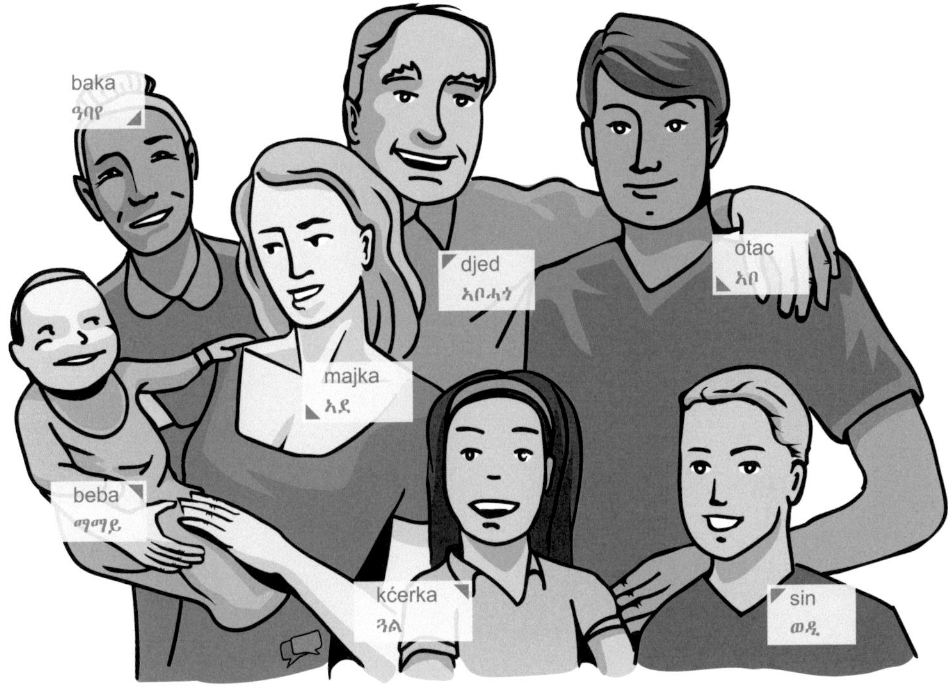
baka
ዓባየ
djed
ኣቦሓጎ
otac
ኣቦ
majka
ኣደ
beba
ማማይ
kćerka
ጓል
sin
ወዲ

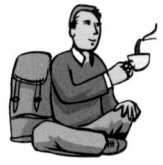

gost

ጋሻ

tetka

ሓትኖ

ujak, stric

ኣኮ

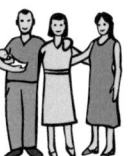

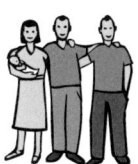

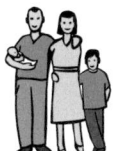

brat

ሓው

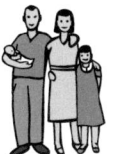

sestra

ሓፍቲ

# tijelo

## ኣካላት

čelo
ግንባር
oko
ዓይኒ
rame
መንኩብ
prst
ኣጻብዕ
lice
ገጽ
brada
መንከስ
ruka
ኢድ
grudi
ኣፍ-ልቢ
noga
ሽፋን እግሪ
ruka
ምናት


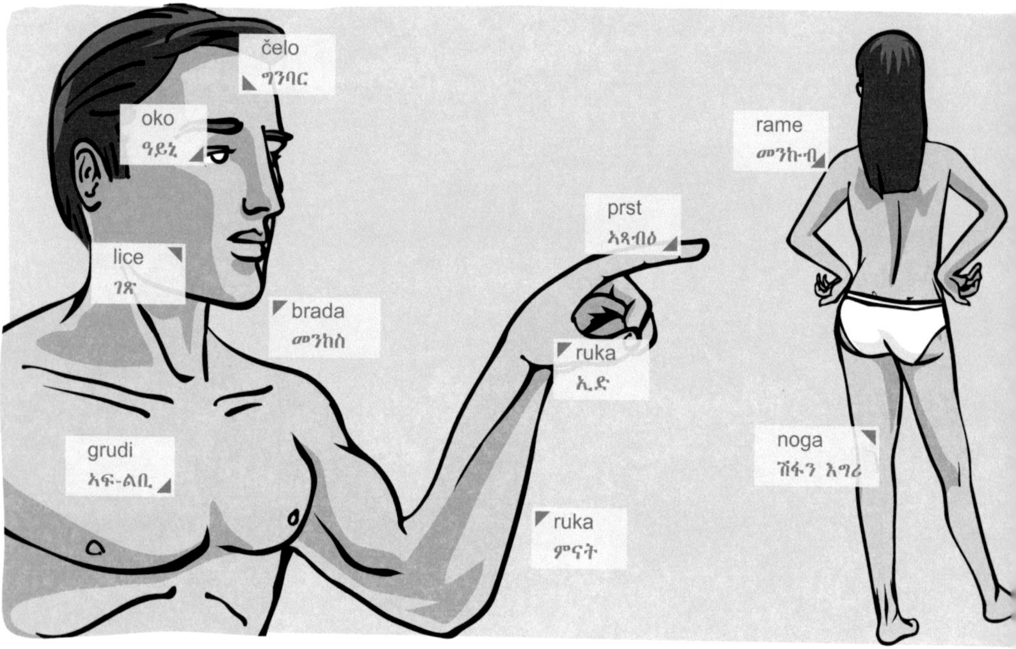

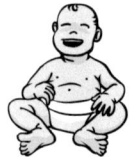

beba

ማማይ

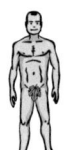

muškarac

ሰብኣይ

žena

ሰበይቲ

djevojčica

ጓል

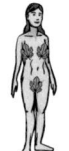

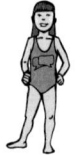

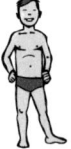

dječak

ወዲ

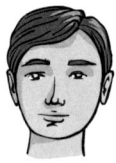

glava

ርእሲ

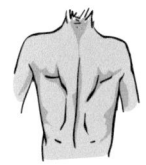

leđa

ሕቖ

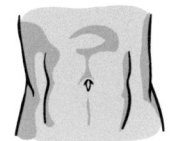

trbuh

ከስዐ

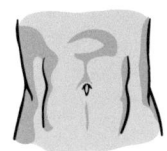

pupak

ሕምብርቲ

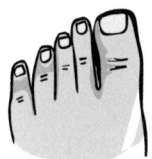

nožni prst

አጻብዕ እግሪ

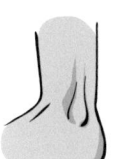

peta

ኩርኹረ

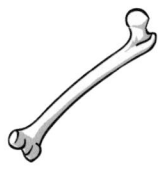

kost

ዓጽሚ

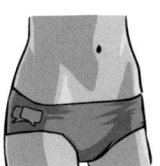

kuk

ምሕኩልቲ

koljeno

ብርኪ

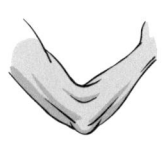

lakat

ፍግፍጐ

nos

አፍንጫ

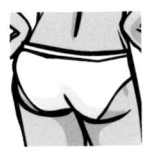

stražnjica

መዓኮር

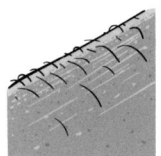

koža

ቆርበት

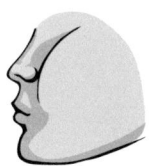

obraz

ምዕጉርቲ

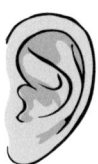

uho

እዝኒ

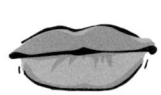

usna

ከንፈር

usta

አፍ

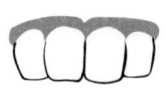

zub

ስኒ

jezik

መልሓስ

mozak

ሓንጎል

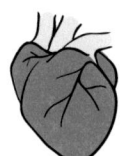

srce

ልቢ

mišić

ጭዋዳ

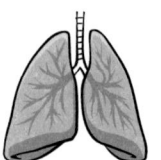

pluća

ሳንቡእ

jetra

ጸላም ከብዲ

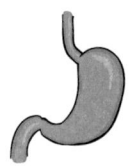

želudac

ከብዲ

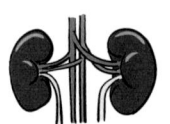

bubrezi

ኩሊት

snošaj

ግብረ ስጋ

kondom

ኮንዶም

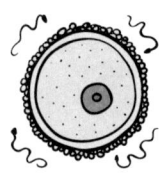

jajna stanica

እንቁቍሑ

sperma

ዘርኢ ተባዕታይ

trudnoća

ጥንሲ

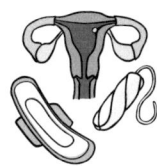

menstruacija

ጽግያት

vagina

ርሕሚ

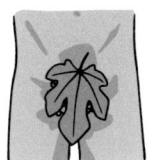

penis

መትሎ

obrva

ሽፋሽፍቲ

kosa

ጸግሪ

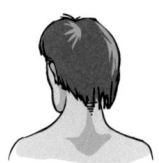

vrat

ክሳድ

# bolnica
## ሆስፒታል

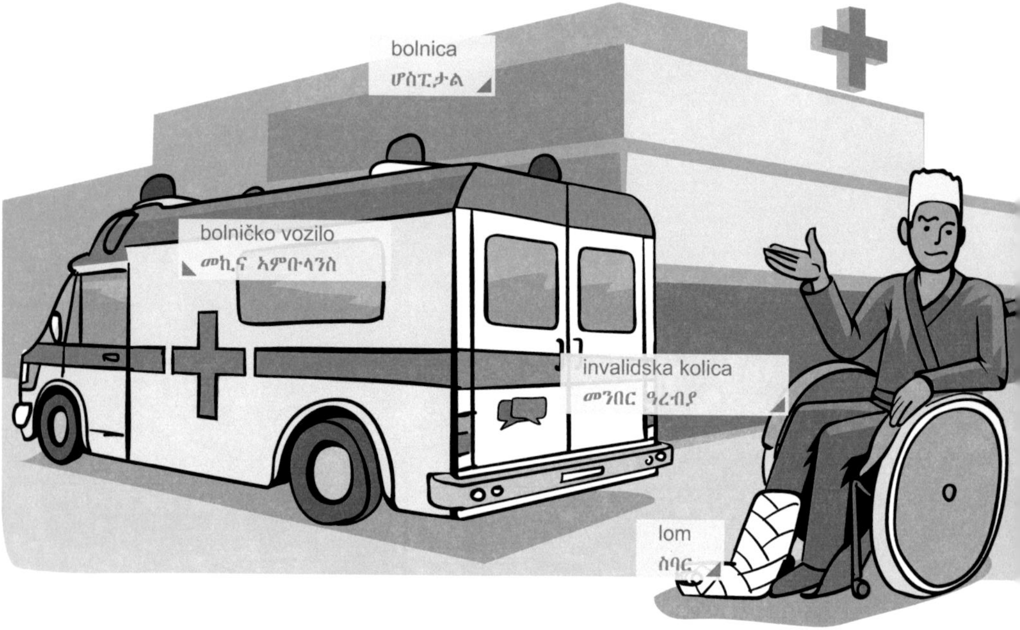

bolnica
ሆስፒታል
bolničko vozilo
መኪና አምቡላንስ
invalidska kolica
መንበር ዓረብያ
lom
ስባር

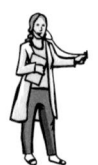

liječnik

ሓኪም

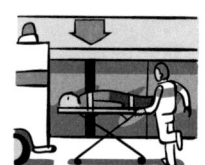

hitna medicinska služba

ክፍሊ ህጹጽ ረድኤት

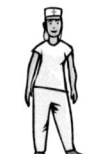

medicinska sestra

ኣላይት

hitni slučaj

ህጹጽ ኩነት

nesvijest

ውነኡ ዘጥፍአ

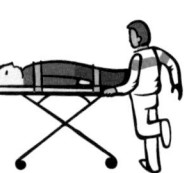

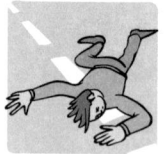

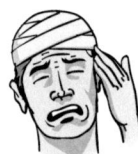

bol

ቃንዛ

ozljeda

ጉድኣት

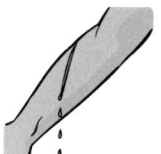

krvarenje

ደም

srćani infarkt

ማህረምቲ

moždani udar

ማህረምቲ

alergija

አለርጂ

kašalj

ሰዓል

groznica

ረስኒ

gripa

ኡንፍልወንዛ

proljev

ውጽኣት

glavobolja

ቃንዛ ርእሲ.

rak

መንሽሮ

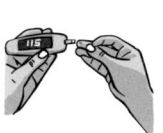

dijabetes

ሹኮርያ

kirurg

ሓኪም መጥባሕቲ

skalpel

መጥብሒ.

operacija

መጥባሕቲ

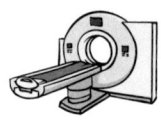

ct

CT

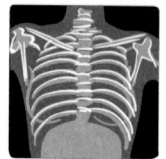

rentgen

ራጂ

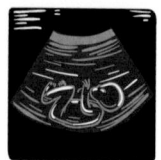

ultrazvuk

ልዕለ ድምጻዊ

maska

መሸፈኒ ገጽ

bolest

ሕማም

čekaonica

ክፍሊ ምጽባይ

štaka

ምርኩስ

flaster

መጀነኒ ቄስሊ

zavoj

መጀነኒ

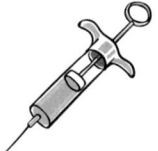

injekcija

መርፍዕ ምውጋእ

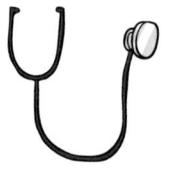

stetoskop

ስተቶስኮፕ

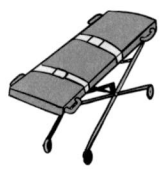

nosilo

መሰከሚ ሕማም

termometar

ቴርሞመተር

rođenje

ትውልዲ

prekomjerna težina

ልዕለ-ሚዛን

74

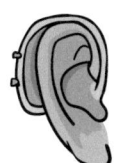

slušni aparat

ሓገዝ ምስማዕ

sredstvo za dezinfekciju

ኣንጻሂ

infekcija

ልበዳ

virus

ቫይረስ

hiv / sida

ኤድስ

medicina

ሕክምና

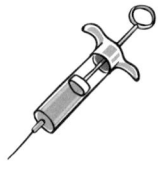

vakcinacija

ክታበ

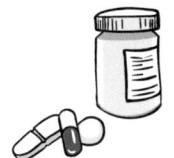

tablete

ኪኒና

pilula

ኪኒና

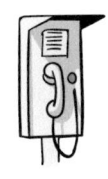

poziv u pomoć

ህጹጽ ምድዋል

uređaj za mjerenje tlaka

መዕቀኒ ጸቕጢ ደም

bolesno / zdravo

ሕሙም / ጥዑይ

pomoć!

ሓገዝ

alarm

አላርም

nasrtaj

ምህጃም

napad

መጥቃዕቲ

opasnost

ድንገት

izlaz za nuždu

ህጹጽ መውጽኢ

požar!

ሓዊ!

vatrogasni aparat

መጥፍኢ ሓዊ

nezgoda

ሓደጋ

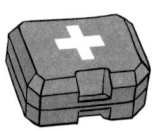

kofer prve pomoći

ሳንጣ ቀዳማይ ረድኤት

sos

SOS

policija

ፖሊስ

Europa

ኤውሮጳ

sjeverna amerika

ሰሜን አመሪካ

južna amerika

ደቡብ አመሪካ

Afrika

አፍሪቃ

Azija

ኤስያ

Australija

አውስትራልያ

Atlantik

አትላንቲክ

Pacifik

ፓሲፊክ

ocean

ህንዳዊ ዉቅያኖስ

antarktički ocean

አንታርቲካዊ ዉቅያኖስ

arktički ocean

አርክቲካዊ ዉቅያኖስ

sjeverni pol

ሰሜናዊ ዋልታ

južni pol

ደቡባዊ ዋልታ

Antarktik

አንታርቲካ

zemlja

ምድሪ

zemlja

መሬት

more

ባሕሪ

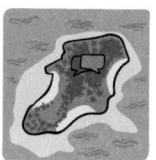

otok

ደሴት

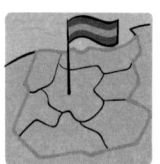

nacija

ሃገር

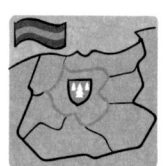

država

ዓዲ

brojčanik sata

ጐጽ ሰዓት

satna kazaljka

አመልካቲ ሰዓታት

minutna kazaljka

አመልካቲ ደቓይቝ

sekundna kazaljka

አመልካቲ ካልኢት

Koliko je sati?

ሰዓት ክንደይ አሎ?

dan

መዓልቲ

vrijeme

ግዜ

sada

ሕጂ

digitalni sat

ዲጊታል ሰዓት

minuta

ደቒቝ

sat

ሰዓት

# tjedan
## ሰሙን

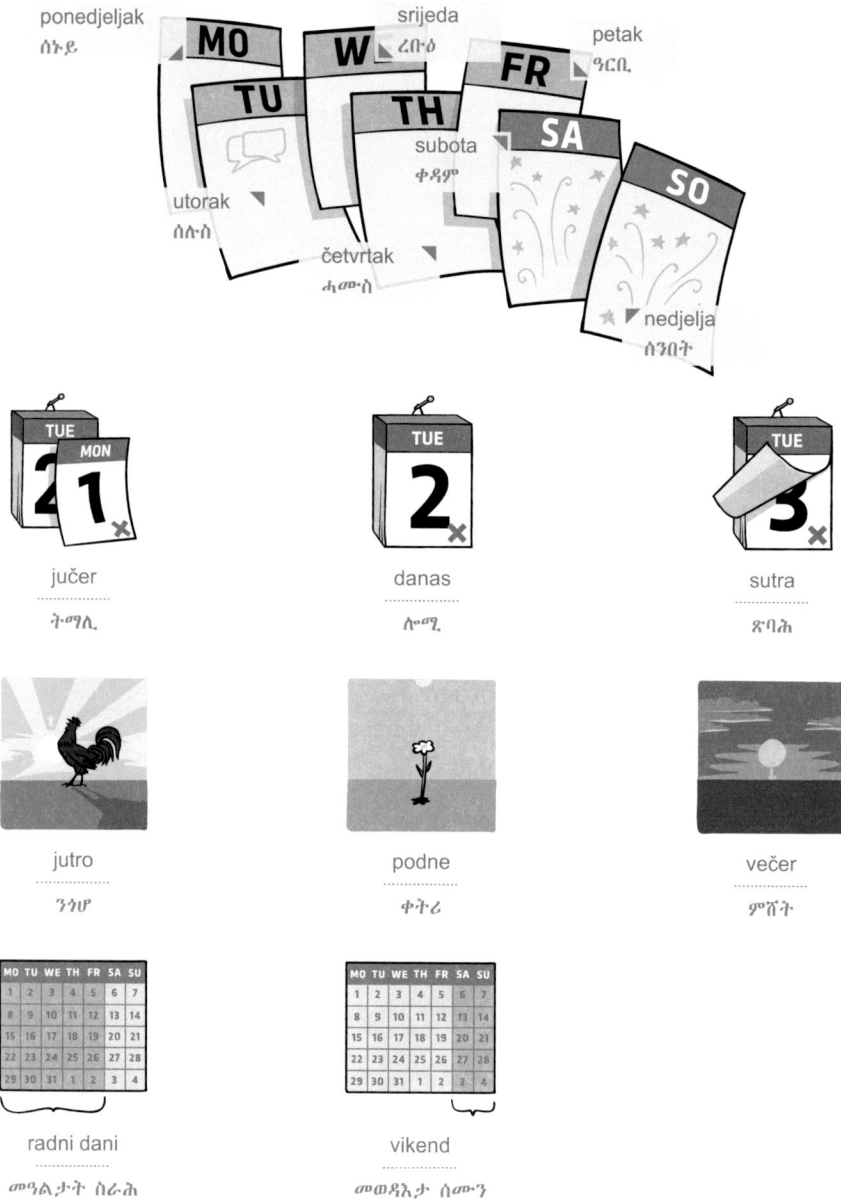

ponedjeljak
ሰኑይ

srijeda
ረቡዕ

petak
ዓርቢ

utorak
ሰሉስ

subota
ቀዳም

četvrtak
ሓሙስ

nedjelja
ሰንበት

jučer
ትማሊ

danas
ሎሚ

sutra
ጽባሕ

jutro
ንጉሆ

podne
ቀትሪ

večer
ምሽት

radni dani
መዓልታት ስራሕ

vikend
መወዳእታ ሰሙን

kiša
ግናብ

duga
ቀስተ-ደመና

snijeg
በረድ

vjetar
ንፋስ

proljeće
ጽድያ

jesen
ቀውዒ

ljeto
ሓጋይ

zima
ክረምቲ

| 4.APRIL | 11° | ☀ |
| 5.APRIL | 4° | ⛅ |
| 6.APRIL | 13° | ⛈ |
| 7.APRIL | 8° | ❄ |
| 8.APRIL | 10° | ☀ |

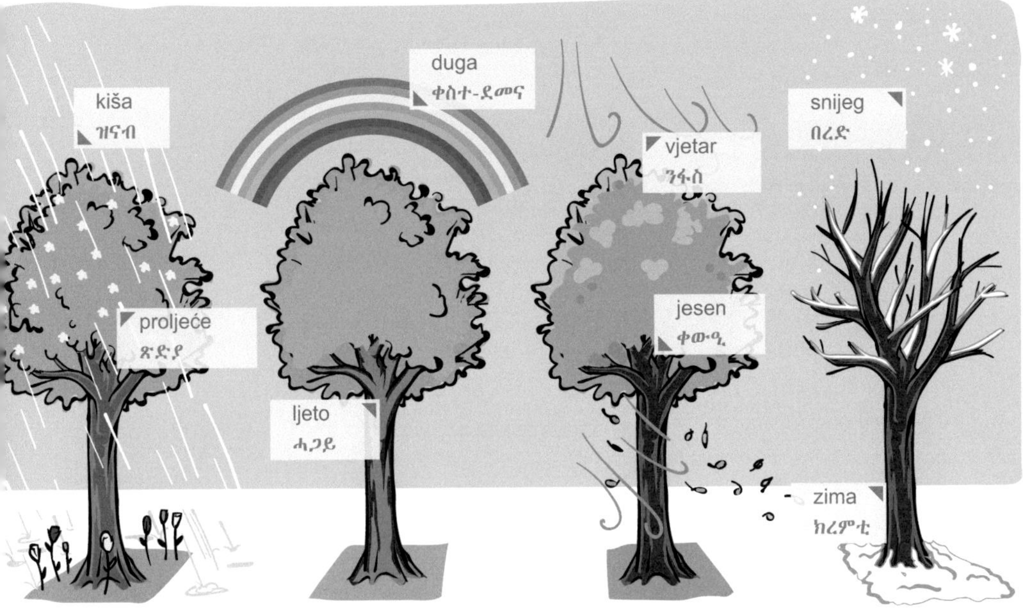

meteorološka prognoza

ትንቢት ኩነታት ኣየር

termometar

ቴርሞመተር

sunčana svjetlost

ብርሃን ጸሓይ

oblak

ደበና

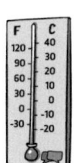

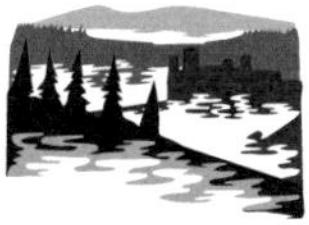

magla

ጊሜ

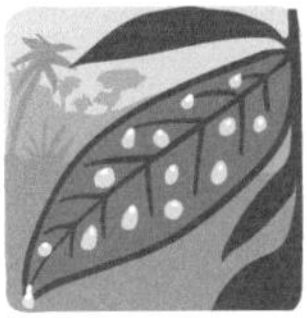

vlažnost zraka

ጠሊ

munja

ብርቂ

grmljavina

ነጕዳ

oluja

ህቦብላ

tuča

በረድ

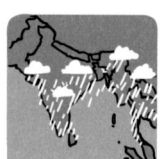

monsun

ብርቱዕ ህቦብላ

poplava

ውሕጅ

led

በረድ

siječanj

ጥሪ

veljača

ለካቲት

ožujak

መጋቢት

travanj

ሚያዝያ

svibanj

ጕንቦት

lipanj

ሰነ

srpanj

ሓምለ

kolovoz

ነሓሰ

rujan

መስከረም

listopad

ጥቅምቲ

studeni

ሕዳር

prosinac

ታሕሳስ

## oblici

## ቅርጻታት

krug

ዙርያ

kvadrat

ትርብዒት

pravokutnik

ቅኑዕ ርቡዕ ኵርናዕ

trokut

ስሉስ ኵርናዕ

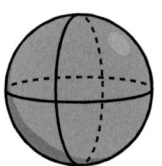

kugla

ክቢ

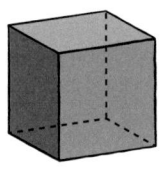

kocka

ኩብ

bijela

ጸዕዳ

žuta

ብጫ

narančasta

ኣራንሺ

ružičasta

ፒንክ

crvena

ቀይሕ

ljubičasta

ጁኸ

plava

ሰማያዊ

zelena

ቀጠልያ

smeđa

ቡናዊ

siva

ሓሙኽሽታይ

crna

ጸሊም

mnogo / malo

ብዙሕ / ውሑድ

ljutito / mirno

ሕሩቕ / ሰላማዊ

lijepo / ružno

ጽቡቕ / ክፉእ

početak / kraj

መጀመርያ / መወዳእታ

veliko / maleno

ዓቢ / ንእሽቶ

svijetlo / tamno

ብሩህ / ጸልማት

brat / sestra

ሓው / ሓፍት

čisto / prljavo

ጽሩይ / ርሳሕ

potpuno / nepotpuno

ምሉእ / ዘይምሉእ

dan / noć

መዓልቲ / ለይቲ

mrtvo / živo

ሙዉት / ህልው

široko / usko

ሰፊሕ / ጸቢብ

jestivo / nejestivo

ደስ ዘበል / ደስ ዘይብል

zlo / dobro

እኩይ / ህያዋይ

uzbuđeno / dosadno

ርቡጽ / ስልኩይ

debelo / mršavo

ረጊድ / ቀጢን

na početku / na kraju

ቀዳማይ / ናይ መወዳእታ

prijatelj / neprijatelj

ዓርኪ / ጸላኢ

puno / prazno

ምሉእ / ባዶ

tvrdo / mekano

ተሪር / ልስሉስ

teško / lagano

ከቢድ / ፈኲስ

glad / žeđ

ጥምየት / ጽምየት

bolesno / zdravo

ሕሙም / ጥዑይ

ilegalno / legalno

ዘይሕጋዊ / ሕጋዊ

pametno / glupo

መስተውዓሊ / ስዲ

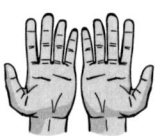

lijevo / desno

ጸጋም / የማን

blizu / daleko

ቐረባ / ርሑቕ

novo / rabljeno

ሓዲሽ / ብሉይ

ništa / nešto

ዋላ ሓደ / ገለ

staro / mlado

ዓቢ/ኣረጊት / መንእሰይ

uključeno / isključeno

ወልዕ / ኣጥፍእ

otvoreno / zatvoreno

ክፋት / ዕጹው

tiho / glasno

ህዱእ / ዓው

bogato / siromašno

ሃብታም / ድኻ

točno / pogrešno

ቅኑዕ / ግጉይ

hrapavo / glatko

ሓርፋፍ / ልሙጽ

tužno / sretno

ጉሁይ / ሕጉስ

kratko / dugo

ሓጺር / ነዊሕ

polako / brzo

ቀስ / ቅልጡፍ

mokro / suho

ጥሉል / ንቑጽ

toplo / hladno

ምዉቕ / ዝሑል

rat / mir

ውግእ / ሰላም

| 0 | 1 | 2 |
|---|---|---|
| nula | jedan | dva |
| ዜሮ | ሓደ | ክልተ |

| 3 | 4 | 5 |
|---|---|---|
| tri | četiri | pet |
| ሰለስተ | አርባዕተ | ሓሙሽተ |

| 6 | 7 | 8 |
|---|---|---|
| šest | sedam | osam |
| ሽዱሽተ | ሸውዓተ | ሸሞንተ |

| 9 | 10 | 11 |
|---|---|---|
| devet | deset | jedanaest |
| ትሽዓተ | ዓሰርተ | ዓሰርተ ሓደ |

**12**

dvanaest

ዓሰርተ ክልተ

**13**

trinaest

ዓሰርተ ሰለስተ

**14**

četrnaest

ዓሰርተ አርባዕተ

**15**

petnaest

ዓሰርተ ሓሙሽተ

**16**

šestnaest

ዓሰርተ ሽዱሽተ

**17**

sedamnaest

ዓሰርተ ሸውዓተ

**18**

osamnaest

ዓሰርተ ሸሞንተ

**19**

devetnaest

ዓሰርተ ትሽዓተ

**20**

dvadeset

ዕስራ

**100**

stotinu

ሚእቲ

**1.000**

tisuću

ሽሕ

**1.000.000**

milijun

ሚልዮን

engleski

እንግሊዝኛ

američko engleski

አመሪካዊ እንግሊዛዊ

kinesko mandarinski

ቻይናዊ ማንዳሪን

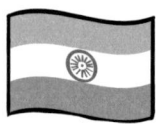

hindi

ሂንዳዊ

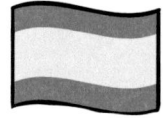

španjolski

እስጳኛዊ

francuski

ፈረንሳዊ

arapski

ዓረባዊ

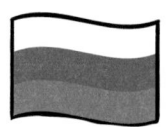

ruski

ሩሲያዊ

portugalski

ፖርቱጋላዊ

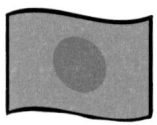

bengalski

በንጋሊ

njemački

ጀርመናዊ

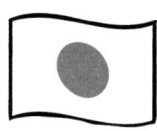

japanski

ጃፓናዊ

ja

እነ

ti

ንስኻ/ኺ

on / ona / ono

ንሱ / ንሳ / ንሱ

mi

ንሕና

vi

ንስኻ

oni

ንሳቶም

tko?

መን?

što?

እንታይ?

kako?

ከመይ?

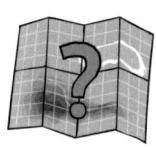

gdje?

አበይ?

kada?

መዓስ?

ime

ሽም

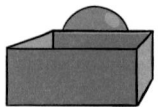

iza

ድሕሪ

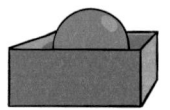

u

አብ

ispred

አብ ቅድሚ

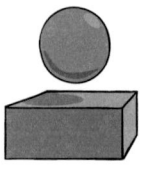

preko

አብ ላዕሊ.

na

አብ ልዕሊ.

ispod

ትሕቲ ምድሪ

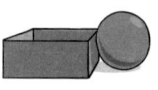

pored

አብ ጥቓ

između

አብ መንጎ

mjesto

ቦታ